生活的意義

汪召元 ◎ 著

⊙ 生活的意義不是得到什麼，而是感受到了什麼決定這種感受的是人的情感與思想因此發展的結果不是財富增長了而是人們對生活的熱愛與理解更多了——幸福原來更容易從平淡中獲得

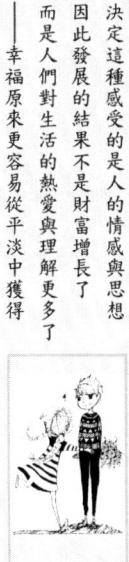

財經錢線

前　言

一、基本思想

　　今天，我們的生活取得了巨大的進步，也累積了豐富的知識，然而對生活與人本身的認識還存在很大的不足，如生活的意義與基本規律是什麼，人與人、人與環境的關係如何認識，人類存在的意義、發展方向與最終歸屬是什麼……如果我們不能很好地認識這些基本問題，生活就會迷茫而缺少效率。

　　這的確是一個奇怪的現象，人們時刻都在生活著，如何生活是大家時時都在談論與思考的問題，也進行了各種形式的分析，如哲學、心理學、社會學、經濟學等，但這些分析都顯得片面與表面化，這不能不引起我們的注意：生活有無系統的基本規律？能否建立一個真實的生活理論而不是迷茫於各種令人眼花繚亂的知識中？

　　任何事物都有特定的存在形式與變化規律，生活也是一樣。但在對生活規律的探索中，我們很難從現有的知識中找到答案，而必須重新靜下心來觀察、思考與總結。

二、生活的意義

　　生活的意義是什麼？這看似簡單的問題卻至今困擾著我們，然而一個現實的情況是我們都在為追求幸福而生活。

　　生活是各種心理活動形成感受的過程，而幸福是人們在這種感受中產生的滿足感。研究發現，當一個人受到不同的物質刺激後，一個被稱

為腹側紋狀體的腦部區域會變得活躍，並通過釋放多巴胺等令人興奮的神經遞質參與腦部的獎賞。

其實，幸福就是通過不同事物的刺激讓人產生滿足感，如獲得財富與地位、體驗不同環境與獲得某種啓發等，是大自然對人的一種激勵。

人類是在生命體應對環境變化的激勵中進化而成的：從原始的生命體對環境做出反應求得生存，到進化為動物積極應對變化來獲得滿足，再到人類為獲得滿足而尋找和創造變化，以及由此形成人類體驗各種事物及意義的情感與思想。這也就是生活的實質。

因此，生活只是一種形式，其實質在於感受不同，人的各種行為也由此得以解釋。如安全的需要，是人們為了延長生命以獲得更多享受的機會；對地位與財富的追求，是人們為了得到更多享受的條件；生活需要交流，因為人們能從交流中獲得更多感受；而交換就更明確了，那就是互通有無；語言與文字、知識與技術的產生及發展，在於提高人們獲得新事物的能力和手段；我們所說的追求，可理解為對特定事物的享受需要。

三、基本理論

我們要理解生活，就需要探索生活的理論，而這個理論遠比我們想像的要簡單，可歸納為如下幾個基本思想：

1. 事物觀

生活是一種感受的過程，它表現為是什麼、會怎樣、該如何等，我們把這種感受的內容與對象叫作事物，並作為理論分析的對象。

事物都以其特有的能對人產生影響的多種意義存在。如水果具有營養、味道與樣式等多種對人產生影響的意義。顯然，若水果沒有這樣的意義，我們就不會去感受它，也就不存在這樣的事物概念了。

每一事物都有其不同的意義，需要我們去認識，同時其多樣性意義導致不同事物間的相同性，這就需要我們累積經驗來提高生活的效率。

2. 感受印象規律

有一種被西方熱烈討論的「視覺道德」現象，即你駕車時發現前面有行人，你會急轉彎。而此時轉彎所面臨的危險與危害其實更大，因為側面有更多的人。

是什麼原因導致你選擇可能軋死更多的人而不是更少的人呢？這就是因為當時的感官反應，即印象深刻的視覺支配了你的行為。而側面雖然有更多的人，但沒有視覺刺激形成強大的印象而難以影響你的行為。

生活是由你所感受的事物組成的。事物對人的影響不僅取決於它的意義，還取決於該事物給人的印象程度，且事物給人的印象越深，其對人的生活的影響越大。反之，亦然。

生活中人們最容易受印象深的事物影響，如經驗與環境，而影響的結果是該事物給人的印象進一步加深，人們受其影響更大，並如此循環而構成生活中的感受印象規律。

根據感受印象規律，我們可得出兩個重要的生活結論：一是人們通常把眼前的生活看得過於重要，由此導致行為的短期性與生活的盲目性；二是人們的生活通常局限於自己的經驗與所處的環境，其結果必然是人的情感與思想變得狹隘，並因此把自己的經驗與感受看得重要而導致與他人產生矛盾和衝突。

也許人類本身就生活在一個極其有限的感官世界裡與自以為是的狹隘經驗中，由此決定了人類發展的局限。

生活不缺少有意義的事物，但有太多的事物因缺少讓人感受的機會而失去意義。同時真實的世界太複雜，我們不必太認真與太執著，而只需在有限的時間與環境裡獲得好的感受即可。

3. 經濟規律

動物都具有對變化產生是什麼、會怎樣、該如何的意識，其實質就是一種效率，即「經濟」要求，其目的是獲得更多生存和遺傳的機會。

人類在這種經濟性行為要求中形成了豐富的情感與複雜的思想，並

產生了獲得幸福而迴避痛苦的基本要求，於是在各種由「好」與「惡」構成的事物中，以最少的「惡」來獲得最大的「好」，便成為生活的基本規律。

生活中的市場經濟其實是這種普遍性經濟規律的一種表現，而片面與非真實的經濟學也就不可能稱得上科學。

4. 生活的相同性規律

人的經歷會留下記憶，即事物的各種特徵在人的大腦神經中形成相聯繫的經驗，並在相同性事物的刺激下再現，從而使人的行為與情感表現出連續和重複性特徵。

人的這種神經聯繫會因記憶再現而得到強化與發展，使其能被相同性更少的事物激活，並演變成某種生理與遺傳特徵。

如恐怖的經歷，其環境中特定的人物、形態、顏色與氣味等會與恐怖情感產生聯繫而形成經驗，而在人們再次受到這些相同性特徵的事物的刺激時，就會引發恐怖情感與經驗的再現，並發展為今後更少的相同性事物刺激也能再現而表現出敏感與膽小的個性特徵。

研究發現，人的大腦有針對蛇類的特殊「雷達」，其原因就在於一定時期蛇類對人類的致命性與普遍性傷害給人造成了太多的恐懼和記憶，從而進化出能對蛇類圖像進行敏感反應的特殊神經細胞。

從對變化的反應，到重複而形成經驗，最后演變成可遺傳的生物個性，反應了在人類適應環境的進化過程中，有許多相同的事物，人們不必思考與選擇，從而把節約的能量與時間用於應對更有意義的環境變化。

這種對相同性刺激的反應還會在人與人之間傳播，這是由於在群體生活中人們對特定事物所形成的相同反應，必然導致人的行為很容易刺激他人相同神經的活躍而表現出相同的情感。

5. 比較規律

一個麵包對人的作用有多大？從麵包本身來看，無疑很大：它為人提供了寶貴的營養與能量。但人們卻不一定會這麼想，道理很簡單，如

前言

果食物很充足，即使沒有該麵包，人們仍可獲得充饑食物與營養，且如果有更好的食物可供選擇，人們還會因用麵包充饑而感到痛苦，這就是比較的結果。

也許我們正生活在天堂裡，但我們也許並不會因此就感到幸福；或者我們正生活在地獄裡，但我們也許不會因此感受到痛苦，因為讓人產生感受的是變化與不同，我們在意的是比以前好、比別人強。

幸福也沒有絕對與客觀的標準，只是人們根據各自不同的經歷與條件提出的要求是否能得到滿足而已。

所謂代價，也就是享受與理想的相對比較而已。生活中總有許多可供人們選擇的事物，人們必然會選擇最好的。而如果人們不得不選擇較差的，就會形成一種痛苦，顯然這種痛苦產生於與最好的選擇比較所形成的機會損失感，即代價。

我們之所以把工作看成一種勞動，就在於工作約束了人的自由而失去了選擇更好生活的機會，因而如果工作以外沒有更好的生活選擇，工作的性質就會發生變化，即是享受而不是痛苦的代價付出了。

代價是生活中基本而重要的概念，這就需要我們去認真地思考，否則我們的理想離現實生活就遠了。

6. 穩定規律

穩定是萬物存在與變化的基本要求，也是大自然的基本精神，並由此決定了事物存在的原因、我們解釋事物的基本理由。

如物體往低處運動是為了找到更穩定的位置；高能量物質通過裂變與輻射釋放能量來獲得低能量的穩定狀態；人類通過對話、爭吵與戰爭化解矛盾、重建秩序、獲得新的平衡和穩定；動物為延續后代而犧牲自己，物種之間殘酷競爭是為了更強、更能適應生存環境，以此實現物種的穩定；我們形成國家、組成家庭與加入群體，是為了有序與穩定地生活。

人類探索未知與追求道德是對不確定性的恐懼所產生的生存危機反

生活的意義

應，這也是人類追求穩定的意義體現；人類學習知識與發展技術不僅是想活得更有意義，更深層的目的是更好地適應環境，其實最終也就是為了更穩定的生活而已。

生活是為了幸福，這僅僅是人類適應環境的鬥爭所獲得的激勵而已。顯然，離開了大自然的穩定精神與激勵，人的情感與思想就不會形成，幸福也就不存在了，人類本身也就失去了生活的意義。

目　錄

第一章　事物是生活理論的基本概念……………………………（001）
　　　　理論的意義不僅在於找出事物的規律，更在於以什麼為思考對象。只要我們對生活認識有足夠的高度與深度，就不會為現象所迷惑、為感官所左右。

　第一節　事物……………………………………………………（001）
　　　　事物是生活的單位與意識的對象，其意義在於使人的記憶與思考變得方便和容易，生活的效率得以提高。

　第二節　事物的意義……………………………………………（006）
　　　　我們常說一件物品有沒有作用、一個行為有沒有必要、一種生活有沒有價值等，其實質都是人們想知道—事物能給人帶來什麼影響、帶來多大影響，以便於合理安排生活。

　第三節　遞減與遞增原理………………………………………（011）
　　　　如果人們對蘋果的消費需要一定，則連續消費蘋果所獲得的滿足是逐步減少的。而當人們對蘋果的消費需要增加時，則同樣的蘋果給人的滿足感就會明顯增強。

　　　　人類可消費的物品是有限的，以物質增長來獲得的幸福感是遞減的。而人的情感與思想所產生的精神需要卻是可以增長的，這才導致了人類發展的連續性。

　第四節　感覺與思考……………………………………………（018）
　　　　為什麼老年人與年輕人常發生衝突，其原因就在於老年人的生活經驗與知識豐富，因而按習慣與感覺來生活對他們來說是合理、

必然的。相反，對年輕人來說，他們思想活躍，生活經驗與知識較少，於是他們更多地以個性與思考來選擇生活。

第五節　經驗⋯⋯⋯⋯⋯⋯⋯⋯⋯⋯⋯⋯⋯⋯⋯⋯⋯⋯⋯⋯⋯⋯（024）

　　經驗是適應環境的結果，故經驗不僅使生活變得方便，也讓人們產生自信與地位，於是人人都希望自己有經驗，也盲目地相信自己有經驗，甚至假裝有經驗，這必然會導致錯誤與衝突的頻繁發生。

第六節　生活中的基本規律⋯⋯⋯⋯⋯⋯⋯⋯⋯⋯⋯⋯⋯⋯⋯（030）

　　生活中的基本規律是「經濟規律」，表現為人們在生活中無論面對什麼事情都要考慮自己能獲得什麼、獲得多少與付出什麼、付出多少，從而確定該事情是否值得去做、做到什麼程度等。

第二章　生活是一種感受的過程⋯⋯⋯⋯⋯⋯⋯⋯⋯⋯⋯⋯⋯（035）

　　生活是人通過心理活動感受的過程，因而生活的理論必然是關於人的心理活動的分析。

第一節　感受⋯⋯⋯⋯⋯⋯⋯⋯⋯⋯⋯⋯⋯⋯⋯⋯⋯⋯⋯⋯⋯⋯（035）

　　我們可把生活分為重複與變化兩個方面，其中人們感受到的是變化與不同，而人們對重複的事物不願感受，其原因是它平淡而沒有多大意義，且重複的事物太多也讓人們難以感受。

　　人的生活依賴於環境和經驗，以至於人們缺少這種適應了的環境與經驗，就會感到無助與恐慌。這就要求我們要尊重他人的習慣與不同社會的文化。

第二節　感受印象⋯⋯⋯⋯⋯⋯⋯⋯⋯⋯⋯⋯⋯⋯⋯⋯⋯⋯⋯⋯（042）

　　我們生活的世界太大、太難懂，於是只需在有限的時間裡獲得好的感受即可，以至於人們有意識地以表面的印象甚至假象來生活而不在乎其真假。這導致了生活中隨意性與欺騙的普遍存在，而堅持原則、追求真理有時卻顯得可笑。

第三節　感受的差異與趨同⋯⋯⋯⋯⋯⋯⋯⋯⋯⋯⋯⋯⋯⋯⋯（053）

　　人的行為總是相互影響與需要而有趣於一致的規律，同時因環

目　錄

境與經歷的不同所表現出來的差異也總是存在從而需要我們理解。

第四節　情緒化……………………………………………（059）

當人們對某一事物的感受過於強烈時，人的生理與行為也會出現激烈而異常的反應，即情緒化。

由於感受與人體反應的一致性，人們又常常反過來利用情緒化來強化某種感受，如使用簡單的物質刺激、自我強化與互動等刺激人的情緒反應來強化感受。

第五節　變異………………………………………………（066）

我們的生活常常會出現較大變化：喜歡自由自在的突然開始很注重某種形式了；本來性格活潑的突然變得沉默寡言了；不喜歡體育鍛煉的開始喜歡了；等等。這就是生活中的變異。

生活總在變異，問題在於如何使變異發生得更有意義與有效率。

第六節　干擾論……………………………………………（075）

我們習慣於生活在傳統與經驗中，同時又有改變的熱情與衝動，因而我們時常會產生這樣的疑問：我們有必要改變嗎？他人的干涉我們該接受嗎？

改變是痛苦的，但新的生活常常更美好。

第七節　從生存、計劃到感受經濟…………………………（081）

今天，我們進入了以個性與享受過程為特點的感受經濟時代，它有別於追求效率與結果的傳統經濟，其社會發展歷程體現為三個階段：生存經濟階段、計劃經濟階段與感受經濟階段。

第三章　比較是普遍的心理規律……………………………（086）

在這個充滿個性與變化的社會，人們很容易接受一些似是而非的知識，並很快形成自己的思想進而產生衝動。但如果我們細心觀察與深入思考，就會發現問題的複雜性，行為也變理性了。

第一節　比較的普遍性……………………………………（086）

生活中人們喜歡送禮，由於禮品的意義不僅是禮品本身，還有

送禮者的態度理解，這就需要進行比較並產生了比較標準。

假如禮品是價格一樣的毛巾與被套，其中毛巾在同類產品中是最貴的，而被套就遠不是這樣。於是對毛巾所產生的比較主要發生在與更差的毛巾之間，從而對禮品毛巾與送毛巾者更多地感到滿意，而對被套和送被套者就不是這樣滿意了。

第二節　機會……………………………………………………（093）

生活中我們總會遇到這種情況：本來對一物品是滿意的，而一旦有更多的物品可供選擇，一種機會損失感頃刻便讓我們對該物品的滿意程度降低。

第三節　比較系數………………………………………………（099）

當我們以饅頭充饑時卻有了消費麵包的可能，則饅頭給人的作用會受到不利的比較的影響，而這兩者的區別僅僅在於麵包給人的感受印象不同所造成的比較程度即比較系數的不同。

第四節　代價……………………………………………………（103）

代價在傳統意義上也就是勞動。這種勞動表面上產生於生產活動，其實就是生活中廣泛存在的心理比較而已。

第四章　生活與追求……………………………………………（109）

生活需要思想，更需要理論，否則就會造成認識的混亂、行為的盲目與選擇的痛苦。

第一節　生活的本質……………………………………………（109）

生活的本質是什麼？我們應如何生活才更有意義？顯然這是非常重要也是我們非常關心的問題。其實生活是一種體驗，因而儘管我們的生活形式與追求各不相同，其實質都是一樣，即尋找對不同事物的感受。

第二節　美與追求………………………………………………（115）

追求的意義不僅在於享受結果，還在於體驗過程，並在過程中豐富人的情感與思想，從而讓生活更有激情。

我們把能給人滿足的事物叫作美，顯然美激勵著人類生存與發

展，生活中最美的是你身邊的人物美，而最有意義的是你經過自己的努力使得身邊的人物美好起來。

第三節　痛苦···（122）

　　痛苦常常不是產生於生理上的而是心理上的。生活的發展給人們帶來了太多的享受，也容易讓人們產生過多的欲求和不滿足感，如總認為自己可以做得更好、總覺得自己沒有選擇到更好的或者總感覺到別人生活得更好、過去的更好，其失望與痛苦也就產生了。

第四節　失敗···（130）

　　人的需要得不到滿足固然會使人痛苦，然而更令人痛苦的是在經過追求后仍得不到滿足的失敗。

　　失敗的痛苦不僅在於付出而沒有結果，更在於刺激人們聯想到自己的能力差與地位可能降低而對未來的不確定性感到恐懼，從而產生固執己見、掩蓋事實與自我欺騙等並以此來迴避失敗。

第五節　失去···（136）

　　得到固然會使人幸福，但失去更會使人痛苦，原因在於我們在習慣於好的生活后欲求變得更高了。

第六節　道德···（140）

　　生活中一個值得人們關注的現象是他人在危難時為什麼人們要伸出援手而置個人利益於不顧，我們對此的解釋是人的「相同性」情感與理性思想所產生的道德要求。

第七節　社區與市場··（146）

　　我們不僅要建立以效率為目的的市場經濟，更要建立有利於提高生活質量的、互助與互享的人性化的社區生活。

第八節　生活的儲蓄、週期與人口·······················（152）

　　儲蓄不僅僅是指錢物，也包括生活的合理安排。其實，幸福也是可以儲蓄的。

后記　生命的意義··（160）

第一章　事物是生活理論的基本概念

理論的意義不僅在於找出事物的規律，更在於以什麼為思考對象。只要我們對生活認識有足夠的高度與深度，就不會為現象所迷惑、為感官所左右。

第一節　事　物

事物是生活的單位與意識的對象，其意義在於使人的記憶與思考變得方便和容易，生活的效率得以提高。

事物是意識的內容與生活的單位。

事物首先表現為其本身的組成與形態，即是什麼，如吃的水果、住的房子、自然界的山水、具有生命的人與動物等；其次是事物的變化情況，即會怎樣，如出現、遠離、減少與變色等；再次是人的行為反應，即該如何，如迴避、購買、友好與追求等。這些都以一種具體的、某種形式的概念出現，即事物。

我們的生活由各種事物組成，而事物的本質是其具有對人產生影響的功能，即意義；沒有這種功能與意義，事物也就沒有存在的理由了。

如水果能充飢和提供營養，語言能表達情感與傳遞信息，工作的收入能給今後的生活帶來方便等。顯然，事物如果沒有這些特定的能對人生活產生影響的意義，人們就不會形成這些事物的意識了。

生活的意義

　　事物的形成不是隨意的，而是有其內在規律的。人們在確定生活單位即事物時，是以其生活的需要與方便為依據的。當生活的單位確定得合理、恰當，人們理解其意義與做出生活安排就容易；反之，生活單位劃分得不合理，這些就變得很困難。

　　如人們常以特殊的整數為生活單位，原因就在於整數具有特殊、簡潔而易感受、記憶的特點，相反非整數就顯得平淡、繁瑣與區分困難而不易感受和記憶。同樣，人們常以特殊與特定意義的人和事、以特別的物質與物質現象作為生活單位，原因不僅在於其具有特定意義，更在於它們容易被感受和記憶。

　　研究發現，西方學生的數學之所以不如亞洲一些國家學生的成績好，其重要原因在於表達數字的形式太複雜而感受困難，導致思考時負擔大。

　　我們總會將需要感受的物質和行為抽象出來形成明確的事物意識，以使人的思考與選擇變得方便容易，生活的效率得以提高。

　　於是在生活中發現特別的、有意義的、反覆出現的事情或者思考有了結果等，我們就會形成事物意識，如事件、名稱與理論等，其實質是形成一種記憶以方便更多感受和選擇。

　　同時為了交流的方便，事物又常以可表達、公認的形式出現，如以語言、文字、肢體動作與物質形式等來表達。

　　生活從可感受的事物意識開始，這是由於人類在原始的生活中必須對惡劣的環境做出敏銳反應，且感官意識也容易形成。人們獲得感官感受的同時激發情感與思想，由此形成更多抽象的事物意識。

　　在這種事物意識的形成中，人的內在需要是根本原因。因為沒有這種需要，就不會對外在物質刺激產生反應與興趣，事物與生活的意識就無從談起。但是，人的需要沒有物質條件，其需要就始終是一種抽象、無法體驗與表述的東西，人的大腦也就不可能得到有效的刺激與發展，因此，物質環境是形成事物的必要條件。

　　如剛出世的幼兒在饑餓時只能哭泣，因為他沒有具體的與饑餓相關的事物概念可表述，當然他不能表述也是其原因。而只有當他吃奶時才會形成一

種食物概念，並在饑餓時想起它，而當大人多次提到「吃奶」並喂他，就會形成奶與吃奶的意識。

隨著生活的發展與效率的提高，事物意識變得豐富與細緻也是一種必然趨勢。如出現了以數量為單位的個、塊、堆等；以物體重量與大小為單位的克、公斤、升與立方等；以時間和距離為單位的小時、天、米與千米等。人的吃住行方式與時間選擇由此變得更準確，同時表達事物的語言形式也在發展。

動物都具有對物質刺激產生是什麼、會如何與該怎樣的意識，只不過動物的意識更多的是感官反應，是表面、簡單、朦朧與隨機的，而人類因效率的要求則形成了具有連續性生活意識的抽象的事物概念，並表現出因環境與經歷不同而意識不同的個性。

事物具有兩個基本特點，一是可選擇性，即事物作為生活的單位，人們可根據自己的需要來選擇，這也是事物形成及評估其意義的目的。生活的這種選擇不僅指可感受的行為，如去還是不去，作還是不作，看還是不看等，也指一種抽象的意識行為，如是思考還是不思考、思考什麼與如何思考等。二是意義的多樣性。事物意義總是多方面的。如小車，它首先能給人帶來交通的方便，其次是美觀享受，再者是地位的象徵等；我們到餐館吃飯，既是為了增添營養與品嘗味道，也是想去欣賞環境、感受服務態度，還有就是朋友相聚交流一下感情、思想等。

事物每一種意義還可繼續分解，如小車外觀欣賞包括色彩、形狀與構成。美有多方面，食物味道與營養也有多種等，只要你能感覺到並願意感受。

同樣，事物意義的分解也是由人的需要來進行的，如在我們認識水果時其功能常常理解為水分、味道與各種營養等，而在具體消費水果時，則其功能還包括價格、購買與存放等的思考。

因此，從理論上講任何事物都具有無限的可分解性，只要人們有需要，就能分解出單獨的意義與行為單位，只是這種分解的代價會越來越大，其意義可能越來越小，直到沒有必要再分解為止。

對事物及意義的分解，最初是比較容易的，而隨著進一步地分解與更多意義被感受，進行更細緻的觀察與更深入的理解將變得困難，但隨著人的能力發展與經濟性要求的提高，這種事物功能的分解還是在不斷進行，生活也變得更加豐富，對世界的理解也更深入。

如水果最初僅僅用來充饑，隨後產生營養與美觀的需要，而現在人們已感覺到還有水果的產地文化、一種水果的生態意義等。

事物有大小之分，其本身的內容越豐富，人們可感知與理解的內容越多，則該事物對人的作用就越大、影響時間越長，這時我們就稱其為生活中的重大事物或重要事物；反之則小，或者不重要。

如結婚與生子、入學和購房等，其事物功能就有更多分解的可能與必要，該事物也能給人更多與更長時間的影響，故該事物就是人們生活中的大事；反之則是小事物、小事情。如簡單的一句話、一個手勢與一件日用品的購買和消費等，人們對其更多思考與選擇就沒必要，它們對人的影響較小。

事物分解出來的意義也叫做事物中的事物，即事物的意義也是事物，我們認為事物總是包含有多種、多層次的意義，這也就是事物的可分解性。

事物意義的多樣性與可分解性決定了事物間具有相似性。事物的相似性是指事物因有很多意義，不同的事物之間就自然存在相同意義的可能，從而也就具有相似性。顯然當兩個事物間的意義相同性越多，我們就說兩者越相似、其相同性程度就大；反之則相同性與相似性程度就小。

如水果與麵包，它們都是可充饑的食物，其在營養、味道方面具有很多相似性，故相同性程度大；而水果與電視就很不一樣，但儘管差異很大，在滿足人的娛樂與情感需要方面還是具有相同點，只是程度小而已。

我們對事物意義的理解越多、越抽象，各種事物意義的相同性就越多，事物間的相似性就越大，其原因似乎在於滿足人們精神需要的意義具有普遍性。

事物間的相同性意義在於人們面對複雜多變的生活時擁有經驗使思考和選擇變得方便，從而有利於人們更好地發現機遇、應對挑戰。

事物之間總是存在著差異性，因為只有差異才會給人以刺激並形成特定

第一章 事物是生活理論的基本概念

意識的事物，並成為人們生活的單位。

如食物與電視的存在形式和組成明顯不同，於是食物與電視成為人們考慮與選擇的內容。

相反，沒有差異或者差異不大的生活，是不會成為意識內容與選擇對象的。如平淡與重複的吃穿，若沒有特別的變化，人們是不會產生感受並形成一種事物意識的，除非有變化或有新的意義出現，如原來是吃不飽、穿不暖，而今天豐衣足食，或吃穿在外觀與質量方面又上了一個檔次，或者吃的樣式與味道有變化，或者今天有了特別的感悟等，人們才會去感受並形成新的、具有特定意義的事物概念。

在一定時間內，人們所感受的事物的總量是一定的，因為無論人的生理還是心理，其活動能力都是有限的。於是當人們感受某種事物，自然對其他事物的關注機會與能力減少，因而在人們面對新事物時自然加速了對舊事物關注的減少，意識減弱，同時人們對事物意義的理解也在變化。

如你下班回家和家人閒聊，並由此發現與家人在一起的意義和樂趣，這時工作的熱情與意識就會減少，這種隨環境與情感變化而變化的事物意識便是事物的時間性。

同時因人的情感與思想在變，某一概念的事物內容也在變，於是某一事物概念的持續存在只能說是仍具有很大的相同性而被我們看成近乎不變，或者內容已發生變化而我們仍習慣用原有的事物概念而已。

如工作的意義原來可能是為了收入而付出，而以後可能更多的是指個人對社會的貢獻。

不同的人對形成事物的內容與過程的理解是不同的。小孩由於經歷與知識少而感官慾望強烈，於是生活事物更多地表現為感官刺激的結果，並由此決定了他們對不同物質與環境的敏感；老年人知識與經歷豐富，於是生活與樂趣更多建立在回想與經驗總結上，因而閒聊與談論往事成為一種好的生活方式；思想者喜歡抽象而富有邏輯性的生活，於是獨處與讀書成為生活的主要內容。

事物是人的大腦對物質與生活的反應，這種反應是一個從簡單到複雜、

從低級到高級發展變化的過程，它反應出人類對環境適應與自身進步的要求。

於是在人生初期以及社會處於低級發展階段時，像沒有生活經驗的嬰兒，人們所想所做的主要是感官刺激結果，如吃穿與簡單的娛樂。

而在生活發展到較高的水平、人的思想感情變得豐富時，便會開始關注一些意義抽象而深刻的事物，如群體生活從簡單的生存、發展到互助、平等與個人權力等內容，因而人類的生活也就上升到更高的層次。

人的感官與思想必然產生對物質的感受需要，並形成對生活的事物意識，而生活意識的形成促進了人的感官與思維能力的發展，且事物的不斷形成與事物意義的不斷發展說明人類生活是具有很高效率和要求的，也反應出其發展的連續性。

第二節　事物的意義

我們常說一件物品有沒有作用、一個行為有沒有必要、一種生活有沒有價值等，其實質都是人們想知道一事物能給人帶來什麼影響、帶來多大影響，以便於合理安排生活。

在我們決定做什麼、不做什麼，先做什麼、后做什麼，以什麼方式做及做多少時都有一個自己的最佳選擇，而其依據便是事物的意義。

人們在生活中的每一次選擇與安排，都是建立在特定的事物意義基礎上的，如吃飯是為了充饑與獲取營養，工作是為了獲取收入，說話為了表達某種情感與傳遞某一信息等。

事物意義是人們感受的結果，它首先是指其本身的結構與組成，如水果的意義首先是指自身形狀、物質成分、味道等固有的組成，這也常常是大家都能感受到的、公認的客觀存在。

事物意義其次是指事物的外在聯繫。如明星與商品的意義有其各自不同

第一章 事物是生活理論的基本概念

的內容，但當明星做商品代言，明星與產品之間就建立起一種聯繫，使得人們一看到該商品就會聯想起明星，從而使該產品具有明星的娛樂意義；或者明星具有商品功能而使人們時時從明星身上感覺到某一商品的存在與影響。這也是明星做商品代言的意義，即讓一件商品與明星聯繫起來而把彼此增加為自己的意義內容以增強雙方的影響力。

生活中這種事物意義的外在聯繫是普遍存在的，如看到水果所產生的美感聯想，或者聽說某人吃過、種植過該水果等，只要給人的印象足夠深，能讓人們在感受水果這一概念時產生聯想，都屬於水果的意義內容。

這種聯繫顯然因人的經歷與偏好不同而不同。如看見水，人們更多地會聯想起其解渴、灌溉與游泳等意義，但具有從商經歷的人可能會更多地與商機聯想在一起，而環保人士更容易聯想到水質、環境與人類健康的關係，而對一些學者來說，可能還會引起一些研究與思考而得出更深的意義。

事物意義就是由其本身的認識與外在的聯繫所形成的感受，雖然外在聯繫具有很強的隨機性，但仍可能為大家所認可，如宗教生活、道德典範與品牌文化等，而事物本身的意義也可能是個人的獨到見解，如有待大家認可的真理等。

在對事物意義的聯想中，一個重要的特點是跨時間、跨地點與比較認識。所謂跨時間、跨地點就是考慮事物對人的作用、影響要聯想到不同時間與地點的情況。

如在人們考慮是否購買一輛小汽車時，就有必要做這樣的跨時間預期分析：人們在今後生活中使用的機會與時間，在使用過程中的日常維護、保養的麻煩與安全的顧慮等。這樣，在考慮是否購買小汽車時，不僅要考慮價格與質量，還要把人們所能預期到的今後不同時間內的各種有利與不利因素，由此構成購買汽車跨時間的意義評估，同時決定自己是否購買。

對於一件物品，如食物，即使人們當時不饑餓，也可儲存起來到饑餓時再消費；或者即使對自己沒有意義，但仍可通過不同地方與不同人的交換來體現其意義。

再說說事物意義的比較影響。一個麵包對人的作用有多大？從麵包本身

來看，無疑較大：它能為人們提供寶貴的營養與能量。但人們卻不會這麼想，道理很簡單，如果食物很充足，即使沒有該麵包，人們仍可解決饑餓問題和獲得營養，且如果有更好的食物可供選擇，人們還會因用麵包充饑而感到痛苦，這就是事物意義受到聯想比較影響的情形。

　　事物意義產生於其能給人某種需要的滿足，顯然沒有人的內在需要也就談不上事物的意義，因而人的需要與需要程度決定了事物意義的存在和大小。

　　比如，人們要有饑餓感，水果才有充饑與營養的意義，且人們越饑餓，水果給人的意義越大；看電視劇是因為人有情感與思想的需要，且人們的這種需要越強烈，電視劇的意義越大，反之則越小。

　　除人的需要因素外，生活的時間與環境（空間）也常常作為事物意義的決定因素和條件。

　　人們從一種事物中能獲得多少意義，常常取決於人們用多少時間去感受。當一個人的時間越多、用於一事物的感受時間越是充足，則人們對該事物意義的感受就越充分、完全，從而該事物給人帶來的意義也就越大；反之，當一個人的時間緊張、用於一事物感受的時間有限，則該事物對人的功用就小。

　　對於一輛小汽車來說，當人們沒有多少時間去使用，小汽車帶給人的意義與功用就小；反之，當人們有較多的時間去使用，如工作與休息時都可以使用，則小汽車給人的功用與影響就大。

　　同樣對於環境條件來說，當有方便的停車場地、有寬敞而平直的交通道路、有良好的天氣等，小汽車就能更好地發揮作用，小汽車給人的意義就大；反之，小汽車的使用環境條件差，且周圍的人反對自己使用，則人們就會感到使用小汽車時的困難與不便，小汽車給人的功用就小。

　　不過，與人的內在需要決定事物意義不一樣的是，對不同事物的感受對人們的時間與環境條件要求是不一樣的，從而其意義受時間與環境條件的影響大小是不一樣的，而任何事物的意義都是與人的需要程度成比例的。

　　比如，食物的消費特點是所需時間短，對空間、環境條件也沒有什麼要

第一章　事物是生活理論的基本概念

求，因為人們可靈活、隨意進行消費，這樣食物的意義受時間與環境條件的影響就小。而對於許多大宗耐用物品如電視、小汽車與住房等來說，其不僅要求人們有較多的時間，也要求有適宜的環境條件，從而其意義受時間與環境的影響就大。

然而重要的是，由於人的需要與生活的時間和空間資源都是有限的，因而當一事物滿足了人的需要與消耗了人的時間和空間資源，其他事物的意義就會減少。如人體得到一食物後對其他食物的需要自然減少；與一朋友相處占據了很多時間，與其他朋友相處的需要自然減少。

同時，人的需要與經驗是隨時間而變化的，故事物意義也是變化的。如一個人偶然以平時不吃的食物充饑，這不僅使他當時對其他食物的需要減少，也可能因此產生長期的消費習慣與經驗變化，即適應了新的食物而對習慣了的傳統食物不再喜愛，或者相反更堅持原來的消費習慣。

事物意義是選擇依據，因而事物的意義是相對整個生活比較而言的，這就要求我們不僅要確定事物本身的意義，如麵包可以充饑與補充營養，更重要的是進行聯想與比較以確定各種事物意義在整個生活中的大小，如聯想我能獲得多少食物、我的經濟條件如何等。

於是，當一個人的條件有限，只有麵包等少量食物可充饑，則麵包的意義就很大；反之一個人條件好，可選擇的食物多，麵包的意義就明顯縮小。因而事物的意義具有很強的個性與隨機性。而社會對一事物意義的判斷常常有兩種情形：一是客觀地分析事物本身的作用；二是分析其市場地位。

在這種對事物意義的綜合分析中，我們看出事物有著兩種基本的性質：一是給人舒適與享受，它是人的慾望與追求產生的原因；另一種是給人不適與痛苦，它是人們厭倦與迴避的原因。這由此構成人們兩種基本感情與態度，即享受與痛苦。

這樣，儘管生活內容豐富多彩，事物的意義多種多樣，我們還是可以用正的或者負的功能及相應的量來表示，並可綜合得出事物總的意義大小。這就是說，事物的意義是一個可疊加的量。

如對於水果來說，它具有香甜可口、充饑、外觀怡人以及細菌對人體的

危害、殘留物的處理等幾種主要功能，並可分別評定為單位相同但量不同的作用（賦值）：10、15、5、-10、-5。其中由於后兩種功能對人來說顯然是一種厭倦與痛苦，故為副作用。

在把水果分解成各種意義的量后，一種水果的作用就是其各種功能疊加量，且為：10+15+5-10-5=15個單位量。

又如：一個人在一天的生活中有吃飯、工作、閒聊與看電視幾件事，其意義分別為10、-20、5、10個單位，則其一天的生活意義總量就為：10-20+5+10=5個單位量。

事物意義的綜合也常常表現為概率性分析，這是由於生活中總存在不確定性因素，其聯想與預期的意義能否產生常常是一個概率性問題，對此人們只能採用概率性分析，具體過程就是把一事物產生的概率乘以事物的預期意義，以此衡量該事物意義的大小並將此作為生活選擇的依據。

其實，事物意義都存在產生與實現的概率性大小問題，只不過對那些確定的或把握性大的事物而言因其實現的可能性很大而視其概率近似100%而已。當然若實現的概率為零，人們也不會去做意義評估與選擇考慮了。

事物意義是隨著人的情感與思想發展而變化的。如吃飯，最初僅僅是為了充饑，后來開始講究味道與營養，最后到體會吃飯的美感與飲食文化並作為交流的平臺等。又如工作，現在我們不僅要考慮做什麼、收入多少，還要考慮什麼時間、地點與環境如何，或者有無創意、對自己的生活與未來的影響等。

這就是說同樣的事物，其意義是隨社會的發展變化而發展變化的，且由於生活節奏的加快、生活效率的提高，人們有從一事物與行為中獲得更多功能體驗與意義滿足的要求。

如對於一場平淡的技能與知識比賽，當人們進行不同理解與聯想，如希望某隊與某人贏，希望某人與某隊如何表現等，就會使比賽的意義變得豐富與更加個性化，比賽也就由此變得更有看點了。

人們在生活中找到了自己所需，並不斷賦予其各種意義。其中，有的是公認與社會化的，有的是個人特有的偏好，但不管怎樣，發現更多的事物、

感受更豐富的意義，是生活的需要，也是生命的意義。我們堅信，不會有神或權威來掌控人類的這一基本要求，平等與充滿個性的追求才是生活的基本精神。

第三節　遞減與遞增原理

如果人們對蘋果的消費需要一定，則連續消費蘋果所獲得的滿足與幸福感是逐步減少的，而當人們對蘋果的消費需要增加時，則同樣的蘋果給人的滿足與幸福感就會明顯增強。

人類可消費的物品是有限的，以物質增長來獲得的幸福感是遞減的，而人的情感與思想所產生的精神需要卻是可以增長的，這才導致了人類發展的連續性。

人們在饑餓時以蘋果充饑。當人們吃第一個蘋果時，由於此時人的饑餓感最強，對充饑的需要最強烈，於是該蘋果對人的滿足與作用最大，而當人們在吃第二個蘋果時，由於人們在消費了第一個蘋果后的饑餓與需要減弱，故第二個蘋果對人的作用量減少。以此類推，第三個、第四個蘋果等對人的作用量也將依次減少，至人們不需要時為零或起副作用。副作用表示蘋果不僅不能給人享受與滿足，相反還會因與人的需要相矛盾而給人帶來痛苦。

更進一步分析，假設人體對蘋果的最初需要量為 5 個單位，則在人們消費第一個蘋果時，對應的作用量即為 5 個單位量，而在人們消費第二個蘋果時，由於人體對蘋果的需要程度減少，為 4 個單位，故該蘋果對人的作用量也相應地減少為 4 個單位。以此類推，第三個、第四個與第五個蘋果對人的作用量將依次減少為 3 個、2 個單位與 1 個單位，到第六個蘋果時其對人的作用量為零。這樣，前 5 個蘋果對人的總作用量為 5+4+3+2+1＝15 個單位，也即當時蘋果給人的總作用量。

這就是說，人們以個為單位連續消費，其邊際單位，即每消費一個蘋果

所帶給人的作用不僅是遞減的，而且是等額遞減的。

　　生活是一種感受，而感受產生於人的需要。顯然，人們對一種事物的需要程度越大，該事物對人的作用與意義就越大，其作用與需要程度成正比例關係就是一種必然的也是我們容易理解的規律。

　　感受最終也可歸結為一種生理活動，而饑餓得到滿足的過程也是這種生理活動的一種表現，因而我們能發現人的需要程度與反應這種需要的生理活動程度成正比例變化的客觀性與普遍性。

　　這就是說不僅人體充饑的食物作用按等額遞減，且任何事物的意義都同樣存在這樣的邊際變化規律，即當人的需要表現為一定的量，在這種情況下，只要滿足人們這種需要的事物能分解為更小的單位，人的需要在連續獲得滿足時該更小單位的事物的意義就會表現出邊際等額遞減。

　　比如按時間來劃分娛樂，因人們在某一時間的娛樂時間需要一定，其單位時間內連續獲得的娛樂滿足就是等額遞減的，或者按其他單位如次數來劃分娛樂也一樣，則每一次所獲得的滿足感是等額遞減的。

　　我們把同種單位事物的作用隨人的需要成比例減少的規律，叫作事物作用的邊際等額遞減規律。

　　由於事物具有多種意義，所以事物作用的邊際等額遞減規律也體現在事物的各意義上，只要我們對這些意義的感受能以某種更小單位來進行。這也是很自然的事，因為事物意義本身就是其各種意義的總和，也正是其各種意義的邊際等額遞減才構成了事物意義總的邊際等額遞減，但事物意義因其性質與對人作用的方式不同，其遞減額的大小又是不同的。

　　我們以聚餐為例。人們從一次聚餐中可獲得的享受可分為三種：一是食物充饑與人體營養的滿足；二是食物與環境帶給人的感官享受；三是與進餐者的交流所獲得的情感滿足。

　　現在，我們可把聚餐分解為某種更小的單位，如時間單位，以分析其連續消費中各功能作用與總作用的變化情況。

　　顯然，人們在第一單位時間無論是人體所獲得的營養，還是味覺與美的享受，或者是從交流中獲得的情感與思想滿足，都將是最大量的，而在第

二、第三個等單位時間裡，其各意義給人的作用依次按不同量等額遞減。

其中，有的意義作用遞減量大些，而有的意義作用遞減量小些，於是在某個時間就可能出現這樣的情況：有的意義作用已遞減為零了，但其他的意義作用不為零，故人們對整個聚餐來說還是有持續要求的。

若是盛大的酒席與美味佳肴，此時常常是營養、充饑的作用遞減快，而其味覺與美的享受遞減慢，這就是我們在生活中常感覺到的想吃又吃不下的情形；而對簡單食物卻是不想吃而又必須吃，因為此時人們可能一開始就沒有嗅覺與美的感受但又感到饑餓，此屬另一種情形。

或者，當人們聚餐到某一時間與單位量時，有的意義就會給人帶來副作用量，而有的意義作用仍為正的作用量。於是，各意義疊加，當綜合作用量仍大於當時的邊際生活作用量，則人們仍會繼續聚餐，直到綜合作用等於或小於當時的邊際生活作用量，人們才會停止聚餐。

當我們進餐到一定時間與程度，雖然已覺得意義不大了，但又沒有更好的選擇與安排，我們就可能多吃一些，多感受一下，或者相反。

我們可進一步從更廣泛的生活來分析事物這種多意義作用邊際變化情況，即由於事物意義的可分解性，因而事物間就存在相同性，於是這種邊際作用等額變化規律也就會發生在不同事物之間。

此時人們若選擇一事物，另一事物因存在局部的意義相同就會產生局部意義作用的等額遞減，即人的某種需要得到滿足導致沒被選擇的事物作用也會發生變化，且仍表現出邊際等額遞減影響，儘管這種遞減額較小。

不同的事物，其意義相同性程度是不一樣的，從而相互影響的大小也就不同。如同是食物的水果與麵包，其功能相同方面較多，兩者之間產生影響的機會與量較大；而在食物與娛樂品之間，其功能相同的方面就較少，兩者之間產生相互影響的機會與量也少。

一般情況下，物質作用很容易受制於人體所構成的有限感受（消費）能力，因而看似不同的吃與穿，其作用的相互影響與由此引發的邊際作用遞減量卻大。如人們很容易在獲得一種食物滿足后而對其他食物的需要與作用會大幅減少。

生活的意義

而精神生活則因產生於人的情感與思想，其事物間的相同性與相互影響也就複雜而間接得多，事物間局部作用與相互影響也就少。

如旅遊與看電視，儘管形式不同，但對人們來說都是一種情感與思想享受，並不難找到之間的相同意義，如獲得一定情感寄托與某種生活體驗等，因而當人們旅遊後，對看電視的需要就會減少，而這種減少又因是局部的相同與間接的聯繫而不大。

總體來說，我們生活中的事物之間總是存在或明或暗、或多或少的局部性相同，此時，人們選擇一事物，其他事物的作用都可能產生或多或少的遞減。

隨著生活的發展與人們對生活效率的要求的提高，人們從一事物所獲得的滿足將是更多方面的。如對於食物的消費，以前的目的是簡單的充飢與營養滿足，現在因人的情感與思想發展了，人們就想從食物中獲得各種感官與理解的滿足，從而一事物的作用遞減更多的是人的綜合心理反應結果，其不同事物間的功能重疊機會也將增大，相互影響的機會也更多、更普遍。

這種事物意義相互影響的普遍性導致了感受經濟的形成，即如果任何事物都能讓人獲得較多與普遍性生活意義的滿足，人們又何必強調特定的生活追求與固執於某種生活形式？於是隨意生活、享受過程與當時的環境就成為生活的必然。

對於事物作用的邊際等額遞減還存在一個複雜因素，即由於人的需要，或者說最初的需要也會在不斷獲得滿足的過程中發生變化，表現出增加或者減少，這使得這種邊際作用遞減規律更不容易為人們所體會，儘管這並不影響規律本身的存在。

我們以音樂欣賞為例。人們最初可能對一音樂不太適應，或勉強可以聽，此時人們欣賞該音樂的時間需要會很少。但在聽的過程中，人們變得更喜歡或者更不喜歡都是有可能的，其音樂欣賞的時間需要因此發生變化。

假設人們剛聽一種音樂的需要是 5 個單位，如 5 分鐘等，第 1 至第 5 個單位的音樂給人的享受量分別為 5、4、3、2、1，這時音樂總的作用量為 5+4+3+2+1 = 15 個單位。而在人們聽該音樂的第 3 個單位時改變了習慣與愛

好，假設是對該音樂更喜歡了，這時聽音樂總的需要量增加了2個單位，且第1至第7個單位的享受為：7、6、5、4、3、2、1，共7+6+5+4+3+2+1＝28個單位，故第三個單位享受所獲得的作用量為5而不是3個單位，但人們繼續聽音樂所獲得的作用量仍是按等額邊際遞減的，只是因其有更大的感受變化掩蓋了這種較小的感受變化。

這就是說即使人的需要出現變化，其等額遞減規律也在發生作用，只是因為人的需要在發生變化而讓人們感受困難。

儘管人的需要隨感受變化而變化是絕對的，不變是相對的，但在時間短、人的心理與需要相對穩定的情況下，人們還是能明顯感受到這種事物作用邊際等額變化的規律的存在。

因此，我們所分析的事物作用等額遞減是建立在某種感受需要的穩定性基礎上的，且只有存在這種穩定的感受需要，人們對這種邊際變化才感受得到，其分析才有意義，但這並不是說在人的需要發生較大波動的情況下就不存在這種事物的意義。

由於事物意義的相互影響，更由於生活的日益豐富，我們會發現不同事物間的意義差別日益縮小，即同樣的發展變化與新事物給人的作用越來越小，代價卻變得越來越大，而這時提高人的感受能力就更有必要了。

人的需要隨人的感受能力增加而增加，使得同樣的生活會變得更有意義。那麼，假設人的需要增加10%，人的幸福感會增加多少？是否也為10%？這是一個很有意義的問題，需要進一步分析。

首先，我們認為人的幸福隨人的感受能力增加而增加是肯定的，儘管痛苦也會增加。生活中我們也不難感受到，情感與思想貧乏的人是不太懂得生活、享受生活的，而只有具備豐富的情感與思想，才有能力與機會感受生活，並在生活中更多地獲得滿足感。

人的情感思想在追求與享受中獲得發展，這是一種自然的激勵；而痛苦卻相反，它會使人的情感與思想受到壓制。因此我們認為人的情感思想發展總是與激情和享受一致的。

其次，一事物的作用因人的需要程度不同而不同。顯然，當一個人在需

生活的意義

要吃三個水果的情況下吃一個水果，比其在只能吃兩個水果的情況下吃一個水果，其獲得的滿足與幸福感更大，且根據事物作用的等額遞減規律，前者獲得的滿足感是等額遞增的。

假設人們對一種蘋果的需要為 5 個單位，且第 1 至第 5 個單位的享受分別為 5、4、3、2、1，這時該事物的作用量為 5+4+3+2+1＝15 個單位。現在人的感受需要增加 1 個單位，為 6 個單位，則第 1 至第 5 個單位的享受分別為 6、5、4、3、2，這時該 5 個蘋果的作用量為 6+5+4+3+2＝20 個單位。因此，人的感受增加 1/5 即 20%，人的滿足感就會增加 5/15 即 33%，人的滿足感與幸福感就會呈遞增狀態變化。且我們不難證明，任意基礎上的感受能力增加，都會帶來幸福感的更大增長。

於是，當發展建立在財富的增長與環境改變上，我們獲得的意義與享受將是遞減的，且代價越來越大，而當發展建立在人的感受能力增長基礎上，生活的意義將會遞增，人的幸福感增長遠大於感受能力的增長。

人的感受能力首先是指人的生理活動所表現出來的感官能力，這比較難發展，且會在較短的時間內滿足，因而其意義不大。而複雜與可塑性強的大腦活動所表現出來的抽象感受能力是比較容易發展的，且因為這種抽象的情感與思想滿足強調的是過程，故更容易讓人的生活變得充實，因而意義很大。

社會發展不僅是物質的進步，更重要的是人情感的豐富與思想水平的提高使得生活的意義和幸福感能從平淡的日常生活中獲得，這樣原本平淡與無聊的生活也就會變得有意義起來，簡單的生活也能讓人產生激情。

生活的意義不在於得到什麼，而在於感受到了什麼，決定該感受的是人的思想與情感。於是當我們太關注表面的改變而忽略人的精神和思想、沉浸於市場經濟與形式上的發展而忽視質量，將會是得不償失的。

生活的過程也是人自身成長的過程，如運動促進人體的發展與強壯，感官活動帶來感覺能力的提高等。同樣，人的思想與情感活動會促進人的理解能力增長及情感的豐富等。

當然好的環境會使得這種發展更有效率，如注重個性與平等的文化、人

第一章　事物是生活理論的基本概念

與人之間有更多的信任與友好等，則人們在生活中就更容易產生美好與激情從而使人更快進步。

相反情況就不一樣了。如在貧富差距擴大、缺少公平與誠信的社會，一部分人就可能過多與過容易地獲得機會與成功，其成功的意義也就慢慢消失了，生活也會變得平淡；相反，另一部分人則缺少相應的激勵而失去生活的熱情與信心，並時時因受到傷害而仇視他人，其情感與思想的發展就會受到嚴重不利影響。

在人的情感與思想發展過程中，也存在一個邊際遞減規律，即當人的大腦面對同樣的刺激而變得活躍的同時，其總的增長潛力與效率在減小。

因此，在人的成長過程中，不應總以太過相同的事物來刺激人的大腦，即生活不要太單一，否則會讓人變得麻木。而我們如以不同性質的事物來刺激人的情感與思想，情況就不一樣了，這時人的情感與思想獲得更強烈的刺激而變得活躍。

如一個人總是生活在成功與讚美中，儘管人的情感與思想也會獲得發展，但這種發展會趨於緩慢。這時讓其受到異樣的事物刺激，如艱辛與不幸，生活也許會出現意想不到的積極變化，即對同樣的成功與讚美會有更強烈的激情，且能讓人更成熟。

同樣對於人的思想來說，當我們始終對同樣的事物與相同的生活進行思考，雖然大腦也會變得活躍並獲得發展，但這種活躍與發展會逐步減弱。而當我們能傾聽相反意見，變換角度、逆向思維與進行不同體驗等，人的大腦就會更活躍，其發展也會更具有持久性。

因此，對於人的成長，當我們始終以嚴格的行為標準來要求，這會讓人變得平淡和煩躁而沒有活力，也會潛藏一些不確定的風險。而偶爾錯一下、感受一下挫折，或者在壓力與緊張中輕鬆一下，就會更有利於人的健康與成長，而不是人們所想像的會變差、變壞。

第四節　感覺與思考

　　為什麼老年人與年輕人常發生衝突，其原因就在於老年人的生活經驗與知識豐富，因而按習慣與感覺來生活對他們來說是合理、必然的；相反，對年輕人來說，他們思想活躍，生活經驗與知識較少，於是他們更多地以個性與思考來選擇生活。

　　儘管每個人的生活環境與條件不同，但可選擇的事物都會很多，這就需要我們確定各種事物的意義以做合理選擇。
　　人們確定事物的意義時首先是感覺，即以感官和經驗直接確定事物的意義。然後是思考，即在感覺的基礎上做更多聯想與推理來確定事物意義。
　　感覺是人們對事物刺激的本能反應。所謂本能反應，就是人們的自然反應，或者說是人的第一反應，也是人們當時最容易產生的生理與心理活動。
　　如受到某物刺激時，我們會情不自禁地關注一下是什麼、會怎樣；看見他人如此，我們會不自覺地模仿；人們饑餓時會自然地關注食物等，這都是人們的第一反應與不需要意識控制的自然行為，也是以感覺來確定的行為選擇。
　　思考則相反，它是人們對事物意義發現與確認的過程，且在這種發展與確認的過程中需要排除不相關的經驗聯想與當時的感官干擾，這就使得人們有意識地控制本能反應從而付出代價。
　　如上例中若我們在饑餓時不滿足現有的食物而想找到更好的食物，這就需要人們尋找和思考，這時不僅要排除感官與感覺性的經驗影響，還要從現有的環境與條件、從經驗中做抽象的邏輯分析。
　　同樣，當我們不想盲目跟從他人就需要知道別人為什麼這樣做，我們應如何做等，即排除他人的選擇影響並評估不同選擇的意義以確定自己的行為等，這就構成了一種有意識的代價行為。

那麼，對於事物的意義我們是選擇感覺還是思考來確定呢？這就形成了思考的經濟性問題，即人們對事物的思考代價應小於評估後做出行為調整所產生的作用增加量，這樣的評估與思考才是經濟合理的，否則，人們就沒必要這樣做，也不會去思考。

如有 A、B 兩事物，其中 A 事物的作用量為 50 個單位，B 事物作用量為 30 個單位，而人們思考代價為 5 個單位，則人們經過思考後選擇 A 事物可獲得的作用為 50-5＝45 個單位量。而人們不思考僅以感覺來選擇，則平均也能獲得（50+30）÷2＝40 個單位的作用量，小於人們進行思考後所獲得的 45 個單位的作用量，故人們所做的思考是經濟的，也是值得這樣做的。

顯然，當人們的思考代價為 10 個單位，則進行的思考就不經濟了，即人們沒有必要思考了。

一般情況下，當事物意義的評估、思考代價太大，或者人們根本不可能進行評估，或者對於重複與相同性大的事物沒有必要思考時，其行為就以感覺來進行。

生活中我們常常以習慣來選擇事物和確定行為，就是因為思考或者進一步思考沒有必要，這是理性與經濟性要求的表現；相反處處思考、精益求精與追求完美卻是自尋煩惱，是非經濟性行為。

為什麼我們不能斤斤計較？為什麼企業常常不能使利潤最大化？其原因就在於斤斤計較與維持這種利潤最大化的代價很大，人們要不斷考慮各種複雜多變的因素，利益與利潤最大化意味著相應付出的代價更大，是得不償失的。

當然，完全的重複在生活中是沒有的，從某種角度來說，感覺也常常是一種盲目的行為，因而在生活中就時常可能出現看似相同、感覺正確與理應如此而結果卻是錯誤的情形。

有學者做過相關研究，得出的結論是，人的行為 90% 以上是無意識的，即人們所做的選擇 90% 是習慣與本能的反應，也就是由人的感覺來決定的行為，並造成了太多的盲目性與不合理性。

舉例來說，我曾經到一家商店購買了一個幾元錢的小物品，感到店主態

度很好，價格也便宜，現在我要買一個幾百元的大物品，我仍選擇這家商店，這就是盲目地憑經驗、憑該店有便宜幾角及當時店主態度好的經驗而選擇它。

這就忽視了這樣的問題：該店大物品是否也比其他店便宜，品質與售后服務能否得到保證等。也就是說僅僅因該店很小的相同性特徵，就得出長期態度好與更大範圍內做到價廉物美的結論是有問題的。

隨著生活節奏的加快與對效率的更高追求，人們常常會以更少的相同經驗來決定更大範圍的選擇，如以5%的相同性來決定95%的不確定性，從而有把本來該表現為思考的行為變成了順從感覺的趨勢。

這就是說，人們可能過於相信經驗與感覺，並主觀地認為自己的經驗具有廣泛的適用性，或者相信朋友、崇拜權威等，總認為他們的言行都是正確的，自己完全可以效仿而不做思考，這都是有缺陷的，從而可能導致錯誤與危險。

人們在生活中的重複越多，對一事物的行為習慣越久，則其越以感覺來生活，改變與思考就越難產生。這可解釋一些老年人或者長期在位的領導越來越固執與偏見的原因。

生活中，事物意義的確定首先是從直觀感覺開始的，然后對那些重要因素再進一步思考。然而，即使在這種思考活動中，由於人的認知有限，人們仍需不斷地在事物的某些方面與某些環節進行較多的感覺評估。

如對於一個人的認識，我們首先從其外貌與言行這些直觀的感覺與經驗聯想來感覺，而當我們覺得有必要更準確地認識時，就要進一步觀察與思考了。然而，即使這樣仍存在以感覺來輔助思考的情況。

但是，我們常常更相信第一印象而不是更多的思考，因為更多推理可能建立在假設等不確定性的因素基礎上，這樣不僅思考的代價大，且難有理想的結果，如西方的金融危機，即使是其頂尖的學者也沒有預測到。

有人經過研究發現，當我們與陌生人打交道的最初0.1秒內，就對對方的可信度、攻擊性和吸引力等做出了判斷，即以大量的感覺與較少的思考和評價完成了對其的認識，而如果給你更多的時間來考慮，也很難使你改變看

第一章　事物是生活理論的基本概念

法，因為進一步認識太難。

因此，在事物意義的確定過程中，感覺是基本的、絕對的；抽象思考是相對的，是在特定的情況下才會產生的。

同時，思考也需要相應的時間，且當人們對一事物越陌生（與經驗的相同性小）、事物越複雜，則所需評估的量就越大，時間也會越長，反之則短。而感覺我們認為是不需要時間的。道理很簡單，如果感覺需要時間，而在這段時間內人們又需要完成特定的行為，這就構成了一種約束與代價，於是我們認為感覺是一種不需要時間或者是一種極快的程序性心理反應過程。

生活中，一個人的行為是按感覺來進行還是按思考來進行，不僅取決於事物本身，也取決於人的經驗與能力，還取決於人們當時所處的環境與情緒。人們受到的環境刺激越大，人的情緒化反應越嚴重，人們以感覺來對待事物的可能性也越大，因為這時人的意識更難控制，反之亦然。

問題在於，情緒化行為不是產生於穩定的態度與一貫的經驗，而是產生於當時被激活的情感與經驗，這就讓人的這種情緒化帶有很強的偏見和盲目性。

如人們之間發生衝突時，我們常常情緒化地被感染而不假思索地站在自認為弱者與親近者一邊，而對其原因以及干涉的結果，我們卻不願去多想。或者一個朋友說了一句不尊重自己的話，就可能激發不友好的經歷再現與敵視的情感。

在突發緊急情況時，人們很容易受環境刺激而採取情緒化行為，此時不僅人的思考能力降低，同時抽象思考也需要時間，因而若緊急事件所發生的時間短於思考所需時間，人們也不可能採取理智行為，這就導致人們在緊急情況下更容易出現盲目與慌亂的情形。

一個人的經驗與知識越多、思考的能力越強，其對同樣事物所需的思考量與時間越少，且對情緒的控制也越容易，從而對危機更能做出理性反應；反之就不一樣了。因而對緊急情況的處理，能反應出一個人的思想能力與心理素質水平。

顯然，容易情緒化與衝動不僅降低了思考能力，也增加了思考時間，從

而有效應對危機的機會減少，因而在重大問題上保持冷靜就很重要，特別是在有人鼓動、人與人之間出現情緒化的相互攻擊時。

相反，在悲觀與平靜時，人們更容易做出理性的選擇。其原因就在於興奮與衝動壓制了人的思考。

生活中的從眾與對權威的遵從其實質也是為了減少思考代價的需要。所謂從眾，就是人們以他人、以多數人的行為做選擇標準，特別是以自己所信任的親人、朋友，或者所尊敬與喜歡的人為標準，總認為他人所說、所做的是對的，是經過思考的，於是自己沒有必要多做思考而做同樣的選擇即可。

例如搶購，人們以為占了便宜，總有跟隨他人購買的衝動而未對其所購物品的功用、品質與價格等做更多思考。不難理解，從者越眾，盲目性就越強，這也是經濟波動的原因之一。

思考是一種代價，且因人不同，於是當人們經驗少而又習慣於抽象思考時，則對同樣事物的思考代價就小而有利於人們選擇思考；而當人們對思考不習慣，總希望有經驗可循，就會更多地生活在感覺中。

為什麼老年人與年輕人常發生衝突，其原因就在於老年人的生活經驗與知識豐富，此時要讓他們排除經驗與習慣對生活的影響就很困難，因而按經驗與感覺來生活對他們來說是合理的、必然的；相反，對年輕人來說，他們思想活躍，生活經驗與知識少，於是他們更多以思考和個性來生活。

這種代溝在社會發展較快的工業化時代表現得尤其突出，此時社會更多地激勵年輕人個性化生活與創新，而老年人並不能很好適應這種變化，並有意或無意地以自己的經驗和感覺來壓制年輕人適應這種變化，從而導致兩代人間的矛盾衝突。

由於事物意義評估代價的存在，更由於經驗與能力的區別，所以在社會生活中自然就存在思考的專業化分工要求：由一些專業知識、經驗與能力水平高的人來負責對一些重要、重複性強的事物做思考，並制定原則性的行為標準，如政治制度、法律法規等。

顯然，事物意義評估的專業化分工與物質生產勞動中的專業化分工一樣，實質就是讓不同能力與知識的人做不同的工作，以此獲得良好的群體生

活效率。

　　然而，任何事物都是發展變化的，於是我們如果毫無思考地以經驗為標準，對存在與傳統絕對地堅持，生活就可能變得很不經濟。

　　同時由於人的知識與能力也在提高，故對同一種事物意義的評估代價在不斷減小。顯然，當事物的評估代價小於相應行為調整後的作用增加量，人們對一事物重新進行評估並調整行為就有必要。

　　因此，子女小時候認為父母做什麼、說什麼都是對的，而在他們長大形成獨立思考的能力后，就會有自己的生活與行為方式，這時大人們就應正確理解，否則子女與父母的衝突就會增加。同樣對於社會生活，當民眾的知識與能力得到提高後便有改變現狀的要求也是正常的。

　　生活的發展一方面豐富了人的經驗與知識，另一方面在面對太多的感官生活時也難以思考，從而人們的感覺行為似乎有增加趨勢，或者說生活的發展讓人變得懶惰了。

　　這就出現了這樣一個問題：既然人們更多或更願意以感覺和本能來生活，這是不是說明人類有重新迴歸沒有意志的動物性行為呢？顯然不是。

　　首先，動物的行為是其長期演變所形成的生物個性而已，而人的本能更多是后天在生活中形成的經驗反應，並受思想影響。

　　其次，動物更多是按本能與直覺來選擇行為，是因為它不能更多思考，而人類以直覺和本能來選擇行為，是由於生活節奏的加快、人們每天要處理的信息太多，如果對每一信息都給予關注，大腦就會超負荷反而處理不好，於是將時間與精力用在更有意義的事物上做更有效率的思考將是一種要求和趨勢。

　　同時人類總是在不斷提高自己判斷與歸納總結的能力，並掌握更多的邏輯與普遍性規律，從而在生活中能以更多的感覺來選擇行為。

　　因而當我們發現更多的人生活變得輕鬆，這不是說人類思考變少了，而是社會發展與生活效率提高的結果。

　　然而，在人的個性與信息膨脹的社會，人們也很容易盲目地憑感覺來選擇自己的觀點、輕信自己掌握了真理，並急於表達自己的思想，實際上這是

不成熟、沒有好好思考的表現，而在多數情況下只要我們多觀察、多思考一下，我們的觀點和看法完全可能是另一種情況，行為也會變得理性得多。

最後，由於社會進步，過去那種危機意識與不信任已大大減少，生活中不必要的思考與博弈的情況也減少了。

當然，生活需要好的價值取向與道德環境，這樣我們在生活中才能避免矛盾、減少代價而讓生活變得更有效率。

第五節　經　驗

經驗是適應環境的結果，故經驗不僅使生活變得方便，也讓人們產生自信與地位，於是人人都希望自己有經驗，也盲目地相信自己有經驗，甚至假裝有經驗，這必然會導致錯誤與衝突的頻繁發生。

有人做了一項調查，志願者在不知道品牌的情況下喝百事可樂與可口可樂，一半以上都更喜歡百事可樂，但當知道品牌后，人們就改變了觀點，更願意喝可口可樂。

這裡，品牌刺激使人的大腦產生了與品牌相關的記憶再現，此時飲料的意義就不僅由其口感決定，還有公司的態度、品牌文化等經驗影響，由此使選擇不那麼盲目了。

經驗產生於實踐，這種實踐既是個人的經歷，也可通過學習與交流從他人的經歷中獲得。

經驗首先是個人的習慣與偏好，而個人習慣與偏好一旦被大家接受，就會成為共同的行為偏好，即具有普遍意義的文化。

然而，個人的經驗能否形成群體共識並演變成普遍性的文化，取決於這種經驗的普遍性意義及這種經驗傳遞的難易程度。

於是具有普遍性意義的科學知識與人性化的生活容易成為人們共同的經驗和習慣。相反，隨意性、特殊性與偏見是難以形成普遍性經驗的。而不同

第一章　事物是生活理論的基本概念

地理環境與氣候所決定的生活習慣則構成了特定的文化。

語言文字的形成與信息技術發展使經驗的總結、交流與傳承變得容易，從而有利於普遍性生活意義的文化形成與傳播。

經驗的意義首先是人們感受的對象，因經驗本身產生於人們對生活的感受，只是因感受的轉移而成為記憶。

其次，經驗是人們認識事物的補充與思考的邏輯。人們對事物的認識總是有困難的，這時，經驗無疑是一個很好的參考而使得對事物意義的認識變得容易。

如看見一家商店，我們就能知道它賣些什麼、商品價位等，因為我們原來去過該店，於是可以事先確定在該店買什麼，否則我們還要去瞭解一下。

又如一個人現在的行為被我們感受到的是誠信，但對此人過去的經驗感受卻不是這樣，這就讓我們對他的評價不再盲目，我們的行為也就更理性了。

經驗作為思考的邏輯依據包括兩種情況：

一是以局部來看整體、以小識大的「概率性推理」。如某人給自己說了點好話、做了點好事，我們就會認為他是好朋友，值得信任，什麼事都相信他；一食物給人以好的感官與味道，我們就認為其營養價值高等。

這種以局部推導整體、以小看大其實仍是一種盲目行為，因為這種推理不嚴格，是「概率性」的推理，即這僅僅是一種可能而不是必然。

二是將經驗作為一種必然的聯繫來推導事物的意義，這是一種科學與嚴謹的推理過程。

如一看到朋友，就想到他的一些習慣與愛好，這是經驗的感覺反應。同時，根據其一些表現，就產生其生活過得如何、現狀怎樣的認識，這就是一種概率性推理，因為這僅僅是一種可能。而當其表現出遲緩與病態，我們就會認為其身體變差了以及日子過得不好的結論，這就是科學的邏輯推理，因為這是必然的原因與結果關係。這樣，通過經驗的再現與推理，我們在面對該朋友時就有了合理的認識，並決定自己是否與其相處、如何與其相處。

當然，經驗是作為概率性推理還是必然性的邏輯推理有時很難區別。不

難理解，一個人的閱歷越豐富、經驗越多，對事物意義的認識就越容易，其生活就越輕鬆。

最后，經驗除了可作為思考的補充與邏輯外，還可直接作為思考的結果和選擇的標準，其原因在於當我們對生活選擇太難，或者他人的經歷與我們的要求具有較多相同點時，我們就可能以經驗作為結果和標準。

如我想如何生活、理想是什麼與如何實現等，這些都可能有些模糊。這時朋友、名人與明星的生活與經歷就會對自己的選擇產生很大影響，且若其與自己的需要太接近，朋友、名人與明星本身就可能成為自己奮鬥的目標與選擇的標準。

憑經驗來生活，並不是說人們希望簡單與重複，而是為了避免不必要的思考，當然這也不排除一些人安於現狀與習慣於輕鬆地生活。相反沒有足夠的經驗，人們面對層出不窮的新事物就會無能力做理性選擇而只能使自己處於盲目和慌亂中。

經驗常常通過聯想對生活產生影響。聯想是指人們在受到一事物刺激時與此相關的具有相同意義的經驗就容易被感受，從而對人的思考與選擇產生影響。

經歷都會留下記憶，即事物特徵在人的大腦皮層神經中形成聯繫，特別是對那些給人刺激大、重複性強以及具有重要意義的事物更是如此。同時通過相同性刺激再現，使人的生活與情感在生活中容易出現相似和重複。

所謂相同性刺激，即生活中完全相同的事物是不存在的，但某方面與某種程度的事物相同是可能的，大腦中相聯繫的特定區域的神經由此變得活躍而導致相應的記憶容易再現。

如恐怖經歷中的特定人物、形狀、顏色與氣味等就會與恐怖產生聯繫，而在人們再次受到這些相同性特徵事物的刺激，就會引發恐怖記憶與情感經歷的再現。

生活與經驗的相似程度越大，經驗的再現就越容易，從而思考與選擇就能更多地憑感覺來進行。當生活與經驗的相同性達到一定程度，人們就不需要意識控制而形成本能反應了，相反人們就只能更多地思考與艱難地選擇，

生活的無助就會加大。

因此，當一個人置身於新的工作和生活環境，如移居到一個新地方，他面對新的生活並因缺少經驗而什麼都要思考，他對每一選擇都可能要付出很大的代價而感到有壓力。反之，在其熟悉的家鄉就隨意而輕鬆多了，因為相同性經驗太豐富，思考與選擇太容易。

另外，聯想的難易還取決於人的思維能力。當一個人有較強的意志與想像能力，聯想就更容易轉變成一種感覺。所謂聯想就是感受相同性少的事物，而思維能力與思考習慣可使這種聯想變得容易。

美國哈佛大學的一項研究表明，當一個人能詳細地回憶往事，他就越容易找到與生活間的聯繫，從而對生活的認識與思考變得容易，並因能更集中精力關注抽象和間接的問題而容易創新，因為想像與創新是一種對經驗的間接反應，而年輕人往往具有這種能力。相反，許多老年人追憶往事都很困難，更不用說夢想了，這決定了他們的生活更多是一種簡單的重複，並缺乏新意。

許多看似不同的事物，也存在或多或少的相同點與聯繫，因而只要人們找到了這種間接的聯繫與很少的相同特徵，就能以相應的經驗來認識與推導事物的意義。

對於經驗的邏輯作用，其實也是事物間的相同性聯想，只是這種相同性太少以及太抽象而需要我們艱難地尋找和感受，如真理的探索就是這樣。

經驗在相同性刺激下再現將導致記憶神經的活躍與發展，從而其更容易受到刺激，即能受到相同性特徵更少與聯繫更間接的事物的刺激而再現，如此循環，並逐步演變成一種生理特徵與某種生物個性而遺傳下去，由此決定了動物天生的本能。

多項研究證明，人類可以在毫秒間快速從對方的臉上獲得有關其性格和行為舉止等方面的信息，這種直覺與心血來潮其實是人類進化的結果，即是在長期的社會生活中對他人肢體與臉部表情信息解讀的經驗和能力的累積，形成了代代相傳的解讀神經。

最新科學證實，人的各種生理組織與器官也存在記憶特徵，並在相同性

物質的刺激下再現，由此影響人的大腦與行為反應。

　　1984年完成的西班牙第一例心臟移植手術的心臟外科專家卡拉爾普斯通過研究得出一項轟動醫學界的理論：心臟很可能擁有自己的感覺與記憶，並通過大腦傳遞起作用，其原因就在於行為不僅是大腦的反應，也有各生理組織的參與，並相互影響。他列舉了多個患者在接受心臟移植手術后性情大變的例子，且令人驚奇的是他們的性格都變得與捐獻者類似。

　　從對事物的思考與選擇，到重複與習慣的經驗和本能，最后演變成生理特徵並遺傳，這反應了人類在環境適應中的進化過程，這種進化的意義在於生活中總有相同與重複性而不需要人們花太多時間去注意，同時有太多的不同與危機要處理，從而把節約的能量與時間用於更有意義的生活上。

　　經驗在人類漫長的進化與演變過程中通過大腦組織的改變來實現遺傳，並在現實生活中得到反應，研究發現人類階段性行為習慣與經驗也會留下記憶，並持續影響人類生活，除非這種經驗與現實產生衝突而被改變。

　　如在遠古時代，男女之間有不同的社會分工，男人負責外出打獵，而在打獵中如果他不能找到獵物並正確估算出距離、速度，他就打不到獵物，全家人就會挨餓；而女人為獲得食物，就必須維持家庭與人際關係而不至於被遺忘，特別是與特定男人的關係。

　　這就造成了男女之間的思維與情感不同：男人的生活主要是用來發現與處理問題，而女人的生活主要是建立關係與維護關係——由此形成男人的獨立，而女人則情緒化，喜歡傾訴以求獲得關注與同情。

　　同時由於男人在打獵中需要不斷發現與把握目標，並應對變化與挑戰從而激勵男人對新事物的熱情和對不同生活的體驗慾望，由此導致男人的冒險與野性，而女人因依賴於固定的人際關係才能獲得穩定的食物，所以必須專一。

　　生活是發展變化的，經驗也在不斷改變。因此經驗雖然使人的生活變得輕鬆，但如果經驗與現實的衝突太大，而人們受過時的經驗影響太深，這時經驗給你帶來的不是方便，而是麻煩與改變的代價。

　　如人們在饑餓中得到食物后，就會形成從哪裡獲得、如何獲得等經驗，

而當人們再次面臨饑餓時，自然首先想到原有食物獲取的經驗。假設現在食物來源發生了變化，這時人們尋找就容易受到原有經驗的干擾和不利影響，這不僅使尋找變得困難，也會讓人對尋找產生懷疑。

因此，經驗與習慣既有利於思考和進步，也可能阻礙人的思考與進步，因而我們不難發現，儘管許多經驗與習慣變得毫無意義，甚至起著負面作用，但改變與創新仍困難重重。這就要求我們對經驗要正確地對待，要有開放的心態與勤奮的思考，畢竟人類生活是建立在大腦思考與對環境持續深入的適應基礎上的。

生活是對環境的適應，而經驗是這種適應的結果。因而我們也就不難理解人們在生活中會因有經驗而產生自信，於是人人都希望自己有經驗，也會盲目地相信自己有經驗，甚至假裝有經驗，這必然導致錯誤發生。

顯然，經驗雖讓生活變得輕鬆，但當需要我們思考與適應新的生活時，過多的經驗就會起到負面作用，這就像我們的生活若要更有意義就不能太在乎當時的環境感覺一樣。

完全的重複是毫無意義的，也是人們所厭倦的，但生活的改變與創新應是逐步進行的，即需要通過對錯誤經驗的逐步修正來進行，前提是我們要有開放的心態。

生活中我們很容易以自己的經驗與傳統來理解問題、處理問題，因為每個人都有相應的生活習慣與看似相同的經驗而不願意思考和做出新的選擇，這就必然導致生活交往中的矛盾。

各種觀點、思想的融合是需要時間的，但是當信息與技術發展過快，社會要在較短的時間內處理大量複雜的問題與較大地改變自己，就會導致人們不能很好適應，衝突與戰爭便是這種不適應的表現。

同樣，面對各種不同環境與文化的生活，各個國家與民族間自然便會產生矛盾，即以誰的經驗與習慣為依據和標準。顯然誰都不願放棄自己的經驗和習慣去適應他人，不願重新學習與調整自己的生活，從而使得社會化與全球化的生活發展艱難。

社會越是發展，人的知識與技術能力就越強，其生活對特定環境與經驗

的依賴就越少，人與人之間、國家與國家之間的生活趨同性也就越強，這意味著在信息化和全球化趨勢下各種經驗、傳統的衝突會更多地產生。

因而現實生活中的文化衝突與戰爭，實質是相對技術的過快發展，人的思想還沒有準備好，或者說是我們對物質與技術的重視多於對思想的重視而導致人們不能正確理解現實的結果，是我們的思想發展落後於技術發展的表現。

第六節　生活中的基本規律

生活中的基本規律是「經濟規律」，表現為人們在生活中無論面對什麼事情都要考慮自己能獲得什麼、獲得多少與付出什麼、付出多少，從而確定該事情是否值得去做、做到什麼程度等。

一切事物都有各自不同的存在形式與規律，而具有重要性與特殊性的人類生活，也存在最基本的規律。

生活就是感受，是各種事物形成的意識總和，而事物的基本特點是其具有能對人的生活產生影響的意義。

不同的事物，它們給人的作用與影響是不一樣的，從而決定了人們對各種事物的態度不同，如令人痛苦與厭倦的事物我們總是想迴避、消除，給人享受與舒適的事物我們總是想更多地感受和追求。

而在滿足這些生活需要的過程中，人們必須完成特定與特殊的行為，由此構成令人痛苦的代價。

因此，生活需要評估與選擇來確定一個合理、最佳的安排，即先做什麼、后做什麼，要做什麼、不做什麼，以及做多少、怎麼做等，以使自己從中獲得的享受與滿足盡可能多些，而其痛苦與代價盡可能少些。

人們力圖以最少的痛苦與代價實現最大享受和滿足也是生活中的基本規律，我們把它稱為生活的「經濟規律」。

第一章　事物是生活理論的基本概念

　　無論什麼人，無論其地位與知識背景如何，他的行為都遵從「最大、最小」這一基本經濟規律。

　　人的這一基本思想與行為規律表現為人們在日常生活中無論面對什麼事情，都要考慮自己能獲得什麼、獲得多少與付出什麼、付出多少，從而確定該事情是否值得去做、做到什麼程度等。

　　如婚姻，在人們做選擇前要評估的是：人們從婚姻中得到的溫暖、安全等，然后是人們必須為此承擔的各種支出與責任所構成的代價，且當人們通過評估得出婚姻給人的作用大於其代價，則人們就會選擇結婚；否則，若婚姻給人帶來的作用小於其代價，則人們就會選擇獨身，至少暫時獨身。

　　人們日常生活的經濟性就更普遍，如人們總想以同樣或更少的錢購買更多的物品與獲得更大的消費滿足；人們去工作，總想找最輕鬆、最適合自己做的且收入又多的；而人們要去某個地方，總是想找最好的路徑並選擇最方便的交通，以盡量減少路途的艱辛與花費的時間等。

　　然而，由於每個人的生活情況與要求不同，對同樣事物就會做出不同意義的評估，同樣生活就會表現出各不相同的、對人們來說卻都是經濟的行為選擇。

　　為此，生活的經濟性應該有公認的標準與原則，以指導人的行為。

　　首先，我們的選擇應科學合理，這樣在人們獲得享受的同時身心也會變得健康；反之，人的身心就會受到傷害。

　　如一些食物，儘管我們很喜歡，但對人體有害而不宜多吃，於是這種口味的感覺與身體健康的矛盾就需要人們注意。又如一些藥物與批評儘管讓人痛苦，但因能給人治病與警示而對生活有利。

　　其次，生活應具有長期性與整體性考慮。所謂長期性，就是指一行為的意義應從較長的時期來考慮，甚至從人的一生，或者更遙遠的人類未來去考慮，而不能只考慮眼前利益。所謂整體性，就是指不能孤立與片面地認識事物意義，而必須把相互聯繫、相互影響的各種因素綜合起來考慮。

　　如人的自私與不道德行為，雖然從短期與局部看他可獲得個人利益，但從長遠與社會的角度來看，其不負責任的行為使得周圍的人互不信任、人人

自危而導致每個人的生活代價增加，所以該行為是非經濟性的。

最後，人的行為選擇應有利於自身的發展與社會的進步，且這種發展與進步表現為人的情感與思想的豐富、技術的提高，並由此創造出更豐富的物質文化，建立更穩定的生活。

於是，當一個人的行為與選擇符合社會公認的經濟標準時，其生活才可以獲得更大的意義，社會也才會獲得穩定、健康的發展，我們也因此稱其生活的經濟性程度高，生活有理性；反之就稱之為生活不經濟與行為盲目。

然而，即使存在著這樣的行為標準，其選擇仍存在不確定性。

其一，儘管人的實際需要在多數情況下能本能地感覺到，但物質世界極其複雜，人們很難準確地認識其意義和做出完全正確的選擇，因而人們只能在知識與能力提高的基礎上使自己的行為更趨合理。

如抽菸，它能滿足人的一時生理與心理需要，但隨著知識與技術的進步人們逐漸發現吸菸有害身體健康，從而人們開始放棄抽菸。

其二，一個人的行為到底應在多大程度上為自己、在多大程度上為別人，或者人們多大程度上考慮當時的需要、多大程度上考慮長遠利益也是難以嚴格界定的，這最終取決於人們各自的感覺。

對於這些選擇的艱難與困惑，其實質是相對人的知識與能力，事物意義認識太難、評估的代價太大，因為思考也是一種行為要求構成的代價，且當這種代價大於人們因此調整行為后的作用增加，人們的評估就不經濟，從而人們也就不願對該事物進行更多、更準確的意義評估。

所以，當一個人按感覺來生活，我們並不能說他的行為不符合經濟性規律、生活沒有經濟性要求。

人們按經驗與直觀感覺來生活，也稱為「無意識行為」，其產生的原因是意識的啟動是一種代價，於是當一些事物的選擇意義不大或者太複雜，人們就會減少和迴避思考而憑經驗和本能來生活，故無意識行為也是潛意識經濟性要求的反應。

因此，生活中斤斤計較、患得患失與要求完美等反而是不經濟的，由此導致生活太累與太苦而不是輕鬆和愉快。

第一章　事物是生活理論的基本概念

　　生活中影響與約束人們行為的法律、制度與道德等，是人們共同而基本的生活行為準則，人們只需按這些原則與要求生活即可獲得較高的經濟性而不必做相應的思考。

　　而作為社會法律與制度的制定者，又可看做社會生活中重要的專業化評估者，即思考勞動分工的結果，因為他們的能力水平高、專業知識強而對重要與社會性強的生活意義評估代價低，於是由他們提出與制定宏觀的生活原則就經濟得多。

　　然而，我們應當認識到事物都是發展變化的，於是當一些習慣與原則不能適應變化的要求時，人們按這些習慣與制度來生活的經濟性程度不僅低於按當時的專業化評估者所制定標準的經濟性程度，甚至低於大眾自覺生活的經濟性程度，則這些習慣與制度就落后了。於是不斷思考與開放的態度就顯得重要，因為它是保證生活經濟性程度的最經濟手段。

　　人們「以最小的代價獲得最大的享受」的行為，不僅是一個靜態的選擇過程，同時也是一個動態的創造過程，表現為人們總是力圖以一種新的、創造性的方法來減少生活的代價並增加生活的享受。如技術的發展，一方面可增加人們的享受內容，另一方面又可減少生活的代價，因此我們認為發展是經濟性生活的保障。

　　在生活的發展過程中，人的知識與能力持續發展使得生活效率即經濟性程度不斷提高成為可能，而在人的知識與能力的發展過程中，教育與資本起到了決定性作用。

　　量化的市場經濟即是經濟生活的重要內容，也是生活經濟性要求的必然結果。人們通過分工與交換，可以以更小的代價獲得更大與更多的生活享受。其中貨幣的出現，不僅使交換變得容易，同時還有利於人們跨時間生產與消費，從而使生產與生活的經濟性得以進一步體現，因而我們說市場是經濟生活的手段。

　　然而，現實的問題是市場經濟以一種數量化的社會形式出現而極易給人以誤導，即刺激人們的狹隘的物質情感，讓人們覺得只有市場行為才是經濟的、理性的生活，人們由此走入歧途而變得斤斤計較、唯利是圖，排斥更美

好的、經濟性程度更大的生活，如道德、親情與責任等，顯然這是令人遺憾的。

於是，作為研究人類行為規律的生活學應著眼於普遍性的生活意義與規律的分析，而不應被局部的市場經濟與表面的物質生活所誤導。當然，由於物質生產、生活的重要性與社會性，把市場作為重要而特殊的研究對象也是很自然的。

最後，作為生活中的環境與文化，如公平與法制，它們不僅有利於市場經濟發展，更重要的是它們能保證人性的健康，有利於生活經濟性程度的提高，其本身就是經濟生活重要而基本的要求，我們應重視而不是忽視甚至排斥它們。

第二章　生活是一種感受的過程

生活是人通過心理活動感受的過程，因而生活的理論必然是關於人的心理活動的分析。

第一節　感　受

我們可把生活分為重複與變化兩個方面，其中人們感受到的是變化與不同，而人們對重複的事物不願感受，其原因是它平淡而沒有多大意義，且重複的事物太多也讓人們難以感受。

人的生活依賴於環境與經驗，以至於人們缺少這種適應了的環境與經驗，就會感到無助與恐慌。這就要求我們要尊重他人的習慣與不同社會的文化。

我們做什麼、想什麼與感覺如何等，其實都是一種感受。

感受是人的大腦對事物刺激的反應，而人的行為是這種反應的表現。反過來說，不管世界有多精彩，一事物對人們來說有多大的意義，如果沒有為人們所感受，就不會對人的行為產生影響，也就相當於不存在。

因此，我們說事物及事物的意義都是感受的結果，或者說，只有為人們所感受的事物，才能影響人的行為並構成生活的內容，其人生也就是各種事物感受的總和。

感受最基本的方式是感官，表現為人體對物質形狀、溫度、顏色、味道、聲音與運動變化等的體驗。

接下來是理解。理解是人們對事物意義的抽象認識，也是人們在感官基礎上進一步感受的過程。

比如今天的氣溫高，首先給人的感官反應是熱，其次是理解，即對今天熱的原因進行抽象認識，並因此調整生活。

然而，世界如此豐富，能對人產生影響的事物無處不在，而我們的感受機會、能力與時間很有限，那麼我們的感受是如何產生與選擇的呢？

感受產生於人的需要，於是當事物能滿足人的需要，人們就會產生感受熱情；反之，當事物不能滿足人的需要，甚至給人痛苦，則人們的感受熱情就會降低並予以迴避。

事物不能滿足人的需要，甚至給人痛苦，首先是指事物本身給人的感覺，其次是指感受的代價。

世上有太多可滿足人們感受需要的事物，而人們實際能感受到的與願意感受的畢竟很有限，原因就在於對許多事物的感受太難、代價太大降低了人們的感受熱情與可能性。

如遠離我們生活的事物是很難讓人感受到的，因為這需要我們付出時間與路途的艱辛去尋找和接近，這顯然是一種痛苦的、人們不情願的代價付出過程。

而能夠近距離輕易感受的事物就不一樣了，因其能給人直接的刺激而讓人迴避困難，像能看、能聽、能聞，且給人刺激越大，人們迴避這種感受就越困難，其感受也就越容易。

信息化與交通技術的發展減少了因距離所產生的感受代價，為我們感受更多美好事物提供了方便，生活也變得更有樂趣和有意義。

同時，抽象、平淡與重複的事物不容易為人們所感受，因為這需要人們用心去發現和區別；這由此增加了感受的困難，相反可感受、特別而形象的事物，或者特殊生活事件等容易為人們所感受。

如食物的口味我們是容易體驗到的，而食物的營養成分、消費文化等就必須靠我們去理解，這樣我們就不一定能感受到，也可能不願去感受。

又如，儘管空氣品質對人的生活很重要，但它太抽象而平淡，所以難以

第二章　生活是一種感受的過程

給人感官刺激而不被重視，直到我們開始重視生活的品質與環境，或者技術進步使我們容易觀察與感受時，才開始關注空氣品質與人的健康之間的關係。

當然，感受代價，如感受的距離、抽象程度以及給人痛苦、不適一樣，都是人們不願面對與本能迴避而可疊加的、與人的感受需要相反的量，也就是說，當一事物的感受代價大，與事物本身給人痛苦大而讓人迴避一樣。

感受需要與感受的代價決定了人們願意感受什麼、不願意感受什麼、願意怎麼感受與感受到什麼程度等行為選擇。

因此儘管一事物具有很多的意義，能給人很大的滿足，但缺少為人們所感受的條件與機會，或者因感受中給人較大的痛苦與不適，就會導致人們感受不到與不願感受的情形。

比如，一個人的長相、才干如果沒有展示手段與機會就沒有多大的意義；相反，好的長相與才干一旦被包裝、宣傳以及更多地展示，就讓人容易感受、願意感受。

或者，即使是好意的關心和幫助，但方法不對也會讓人感受到痛苦而難以接受。

於是，對於一些重要的事物，我們創造感受條件與機會就顯得很重要了。反之對有害的、無太多意義的事物，我們就可減少接觸機會或增加困難讓人不願感受，或者不能感受到。

在決定生活的感受中，事物的新穎性，即變化與不同是一個重要而基本的因素。其原因有兩個方面：一是變化給人刺激，從而讓人容易感受；二是變化本身也是人們的感受需要。

我們可把事物性質分為重複性與新穎性兩個方面，其中給人們感覺刺激的是變化與不同，特別是給人強烈感官刺激的不同物質與物質變化，人們不感受都難，如氣味對人的刺激與物質對人的碰撞。

而人們對重複與平淡的事物難以感受，也不願感受，其原因就在於它們沒有多大意義，或者其意義在生活中已得到了表現，且平淡的事物太多，人們也不可能去感受。

像週期性的充饑，我們可能僅僅作為一種習慣而沒有必要去注意，除非食物內容與味道有變化而給人刺激，或者人們對其有新的認識，如發現長期食用的食物具有某種免疫功能，這時人們才會去關注，即事物的新穎性特徵才是導致人們去感受的原因。

於是為了讓人感受與容易感受，人們除了通過形象、直觀的展示外，常常還會說明其特別之處與不同的意義，或者以不同的方式來說明，其目的是讓一事物盡可能給人更多的刺激。如做宣傳時常用特別的畫面與聯繫來展示等，就在於讓人們更容易感受與願意感受。

另外，變化不僅讓人容易感受，其本身也是人們所需要的感受內容。這是由於人類在長期應對環境的激勵中形成了對新事物的敏感、對變化本身的體驗熱情與對新事物的喜愛。如人們在生活中的好奇與圍觀，原因就在於預期有新的東西可欣賞。

人類對新事物的體驗需要也可解釋生活中為什麼一些令人恐懼、厭惡與不適的事物人們也感興趣，並想去感受的原因。如死亡游戲，一方面是對死亡的恐懼，另一方面是對臨死時的好奇所產生的矛盾行為。

不同的事物總會以不同的形式存在與表現，於是變化與不同意味著有新事物與新的意義產生而需要人們去把握，並由此引發人的熱情。

如同事平時對自己都很友好可今天卻不這樣，這自然很容易讓人警覺與好奇，相反與往常一樣我們就不會在意了。

一事物若有更多與更大的意義，自然會以更多與更大程度的形式出現，從而人們也就會給予更大程度的關注與熱情。

事物的新穎性表現為三個方面：

一是不同性，即在同樣的生活中所表現出來的不同，包括事物的組成、結構與存在形式。

如出現給人充饑與營養的食物在製作、味道與結構方面的不同就是其新穎性表現，且這種不同程度越大意味著其新穎性越大。

二是相對性，即變化與不同是相對於原有的重複和標準而言的，於是原有事物的存在越普遍、重複性時間越長，則不同與變化所具有的新穎性就越

第二章　生活是一種感受的過程

大，其意義與對人的刺激也就越大。

如平時多數情況下吃的是圈養的豬肉，而今天吃上了野生的，感覺有很大的不同，其味道、營養、製作與來源等都會讓人感興趣，且這種以圈養豬為食物的時間越長，該生活形式越普遍，這種變化的新穎性也越大。

這也容易理解，當更多的人越是長時間習慣於某種生活，其生理與心理就越適應，這時同樣變化給人的刺激與影響自然就越大。

三是敏感性，即人的大腦神經對某些事物感受所表現出來的活躍性，而這種活躍是由人的需要、經歷、習慣或者其生理特點決定的。

人們很在意自己的收入與地位，其原因在於這是人們經常談論與關注的問題，或者收入與地位對生活產生過重大影響，又或者收入與地位蘊涵著太多的意義，這樣人們自然對其敏感且感受容易。

研究發現，人們對他人的臉部比對其名字更感興趣，並容易形成記憶。其原因在於人們常常能從他人的臉部瞭解很多信息而形成一種偏好。

敏感性也可能是人們當時的情感反應，即當人們受到某一事物刺激，人的相應情感與思想就會被激活，與此相同的事物也就容易被感受了。

如某個人被表揚，或者對自己說了好聽的話，則我們對他的優點就變得敏感而容易接受；反之也一樣。

同樣的事物，當我們有更大程度的敏感性，則受到的刺激就越強烈。如對於食物，當人們還處於普遍的饑餓狀態，或者有過嚴重饑餓的經歷，或者有人談到過該食物的有趣故事等，則人們就會產生強烈的感受慾望；反之，人們就不會這樣在意了。

於是當明星不僅有好的長相與歌喉（變化與不同），且很久沒有這樣的明星出現了（新穎性增強），還有很好的智慧與道德（更多意義），或者還有一種自己偏好的文化風格，自己有過相關經歷（敏感性強），則自己受到的刺激與對其關注的熱情就大，也會持久。相反，即使有好的長相與歌喉，而無其他更多意義與敏感性，人們可能很快就感到無聊。

生活中人們最容易與最先感受的是給人刺激大、感受容易又能滿足人的需要，特別是具有持續新意的事物，雖然感受遙遠、感受困難，人們也能也

039

生活的意義

願通過各種途徑去感受。

相反，儘管能滿足人的需要，但表現卻重複與平淡，人們也難感受到或者不願感受。

現在的生活太豐富，人們的隨意性又太強，因而讓一事物給人們以興趣與影響就更有意義了。

像禮物，如果平淡而重複，即太大眾化，收禮者也可能忽視禮品的存在與意義。相反若禮品或者送禮方式有點小的變化就不一樣了。如蛋糕上別出心裁地插上一朵鮮花，花的意義不僅是本身給人美的享受，更在於這種特別的組合刺激與由此引發的人們對禮品和送禮者的注意。

這就形成了新穎性與禮品意義所引發的持續感受：禮品上的鮮花刺激很容易讓人們對禮品與送禮者給予關注；反過來說，沒有禮品與人本身的意義而只有鮮花，也會平淡，從而進一步感受缺少內容。

同時，我們也不難理解，當花越稀奇而送普通禮品的人越多，或者花是收禮者所喜歡的，則這種變化給人的刺激與影響越大。

在一些國家的總統競選中，競選人常以改革與新面孔出現就在於這能給人更多刺激而讓人關注。同時通過媒體與公共場所的活動能讓大家容易感受到，並以簡潔而刺激的語言，反覆強調自己的觀點以降低人們的感受代價，選擇大眾敏感的問題來給人更多影響。而太深奧的語言與太複雜的邏輯思想，儘管科學，但也可能因人們不易理解與不願理解而對人的投票影響有限。

這就產生了政治家與思想家的不同：政治家需要語言與表現能力，需要影響人的宣傳、鼓動技巧；而思想家就不同了，他們需要的是較強的邏輯思考能力與默默無聞的工作，且因他們對一問題總喜歡深入系統地理解而不願簡單地看問題，說出讓人痛苦的真相而讓人們對他們缺少感受，甚至讓人難以理解而排斥，除非人們感覺到問題的重要性與嚴重性而值得人們去關注。

人類自有了感官與思想後，就有相應的感官與思考需要，並形成了事物意識與對生活意義的探索。而變化與不同既是感受的需要，也是人們容易感受的原因，但是這種變化又不是人們可以臆造的。

第二章　生活是一種感受的過程

　　人類的生存與生活依賴於環境，因而儘管人的大腦已變得十分活躍，思想日益豐富，但人的感受仍是建立在賴以生活的環境與經驗基礎上的，以至於缺少這種適應了的環境與經驗，人們就會感到無助與恐慌。

　　於是，對於美妙的神話、宗教與科學幻想，若要人們產生熱情就必須讓其與他們的生活環境和經驗產生聯繫，否則人們是很難感受到的，也是人們不願感受的。因而對於外來文化或者太離奇的想法等，儘管其給人以刺激，也很有意義，但人們也可能會覺得太陌生與恐懼而抵制。

　　生活首先是人們對自身所處的環境進行感受，這是由於環境不僅能給人感官刺激而容易感受到，而且環境本身也具有持續變化的特點，因為環境總是變化的，同時自身所處的環境對人們來說總是有意義的，故其最容易被人們感受與持續關注。

　　抽象的事物與離現實較遠的生活，是人們在感官基礎上的進一步感受，或者說是感官感受的延續。而其經驗與知識，是這種感受延續的表現。

　　然而，決定感受的需要產生於人的情感與思想，因而沒有人的情感與思想，無論什麼事物我們都不會形成具有連續性的行為意識。

　　相反，當人的情感與思想發展了，其就會對生活產生更多的感受需要，這樣即使不變的環境與同樣的事物，人們也會感受到不同而產生熱情，同時人的思想發展導致感受代價的降低，人們也能進行更多的事物及意義感受。

　　這就是說，變與不變、事物是否具有新穎性是相對於人的情感與思想來說的。人的情感與思想水平是決定感受的基本因素，表現為人們對事物所願、所能感受多少的能力。

　　從理論上講完全重複的事物是不會給人刺激並引起人注意的，但完全重複的事物又是沒有的，在許多情況下人們能否感受到生活的新穎性與事物的意義，就在於人們是否有相應的情感與思想來感受。

　　假設一個人走進一個新的社區，可能有兩種表現：一是興奮與熱情地與人聊天、欣賞花草等；二是無聊與不適應。

　　是什麼原因導致這種生活行為的區別呢？這就是情感、思想與知識差異。前者因有豐富情感與思想而容易對新環境產生激情，同時思想與知識也

有利於事物意義的發現，降低了感受的代價，如可以更多地理解花草的意義，可以找到更多的話題來與人交流等，這些都增加和延長了他的生活熱情。

顯然，一個人的情感貧乏，對這不感興趣，對那也沒有熱情，或者感興趣後又因缺少相應思想和知識來做更多理解、交流，自然其生活樂趣與意義就少。

在一定的時期，人的感受需要表現出一定的程度與量，即感受的能力有大小。從生理能力來說，無論是吃穿還是看與聽等，都存在一個可承受的量。同樣，人的心理活動所表現出來的感受能力也是有限的，因每一感受常常都需要人的各種生理組織的參與，因而當人們感受一事物後，對其他事物的感受能力與需要就會降低。

於是當人們在聽與看，或者在思考時，由於人的需要得到一定程度的滿足，自然對其他事物的感受需要程度下降，即難以引起人的注意。

人的感受能力在感受中得到發展與提高，如人體活動導致其體能增加，同樣感官與思考導致人的感官和思考能力增強，因而人們在生活中有自己所喜歡的事物與能受到刺激就顯得很重要。

生活就是為了感受美，於是當有美的物質刺激人們，生活的熱情就會增加，從而產生更多感官與理解的需要，人與人類因此獲得發展。

反之當人們總是面對令人痛苦與厭倦的事物，如他人的持續傷害、生活的單調與太多的壓力等，人的情感與思想就會受到不利的影響，這也是人們力圖迴避的。

享受美是人的生活目的，發展美是社會的責任，顯然這種美不僅是財富與技術，更是生活質量的建設，且後者才是生活發展的本質。

第二節　感受印象

我們生活的世界太大、太難懂，於是只需在有限的時間裡獲得好的感受

第二章　生活是一種感受的過程

即可，以至於人們有意識地以表面的印象甚至假象來生活而不在乎其真假。這導致了生活中隨意性與欺騙的普遍存在，而堅持原則、追求真理有時卻顯得可笑。

有一種被西方熱烈討論的「視覺道德」現象，即你駕車時發現前面有行人，你會急轉彎，儘管此時轉彎所面臨的危險與危害更大，因為側面有更多的人。

是什麼原因導致人們做出這種危害性更大的選擇呢？這是因為當時的感觀反應，即印象深刻的視覺支配了你的行為。而側面雖然有更多的人，但沒有視覺刺激而難以影響你的行為。

同樣，當他人危難時我們常常不會在乎他是好人還是壞人，甚至也不管他是朋友還是敵人，我們都可能會給予幫助，以至於人們會心安理得地說，自己當時的行為是人人都會如此的。

生活是一種感受，而感受不僅是人們感受了什麼，還包括感受到了什麼程度，即感受不僅是對事物本質的認識，更是對事物印象的獲得。當人們對一事物的印象越深，人的行為受其影響也就越大，反之則越小，而無印象的事物對人的影響就不存在了。

其實，人的行為時常受事物感官刺激與表面印象的影響，且嚴重時還會激發人的情緒化反應。

於是即使身邊的人暗中與你為敵，但你不知道就不會影響你與他的友好相處，即事物的意義大但給人的印象為零，其對人的行為影響就為零。相反，很小的事情，如一個平常的生活安排、一個小的爭端甚至一句不友好的話等，如果你太在意，總是去想，甚至產生情緒化衝動，就會對你的生活產生很大影響，即事物的意義雖小，但印象大，故人的行為受此影響便大。

生活中許多固執的追求、與人激烈的爭吵並不是因為這些追求和輸贏對自己來說有多麼重要、正確，而是因為你深陷於一種狹隘的情感與思想裡，相反真正重要與正確的卻因為我們沒有印象，或者印象不深而不予重視，甚至盲目排斥，這是非常令人遺憾的。

生活的意義

我們可把一事物對人的影響更具體地表示為事物意義與印象的乘積,且如果用 K 表示意義,用 Q 表示其印象,而事物對生活的影響量也即決定行為的感受量用 P 表示,則 $P=K\times Q$。

於是,前面是陷阱而功能 K 巨大,但你不知道而印象 Q 為零,兩者相乘為零;而一句話與幾元錢的功能意義 K 很小,但你很在意,如在與人爭吵時爭吵的事物印象 Q 很大,兩者相乘仍很大而導致行為的反應大。

這是重要的生活規律,即一事物對人的影響不僅取決於事物本身的意義,更取決於事物給人的印象,且與印象的大小成正比。

因而同樣意義的事物,若能給人更多刺激與印象,其對生活的影響就會更大,即意義可通過印象與印象增加來給人影響,這也是廣告宣傳的意義,即使是平淡與重複的品牌宣傳也如此。

除了人為地增加某些事物印象來給人更大影響外,似乎有些事物本身容易給人刺激而形成印象,如特殊而可感受的事物與特別而可體驗的生活等,相反平淡、重複與抽象就常常會被人忽視。

有學者做過這樣的研究:若有80%的可能賺1.5萬元,有20%的可能1元錢都賺不到,同時有一定能賺1萬元的機會,此時人們常常會選擇後者,儘管選擇前者給人的收益更大,即 $80\%\times 1.5=1.2$(萬元)。

造成這種選擇的原因在於成功與失敗作為一種特別的事物給人的刺激和印象較大,而數字與概率大小就太抽象、平淡而給人的刺激和印象較少,於是儘管1元錢都賺不到的可能只有20%,但給人印象較大的失敗感仍會讓人卻步,相反也是這樣。

由於能給人影響的事物與意義是無限的,而實際能給人影響的事物與意義卻很有限,因而我們可明顯感覺到事物印象給人影響的重要性。

一項最新的調查顯示,在高度文明的美國相信科學的人只有70%,如對達爾文的進化論只有不到60%的人相信。其原因就在於生活中的宗教、迷信與各種奇談怪論太具有刺激性與娛樂性,人們很容易產生興趣與熱情而形成較深的印象,由此給人造成較大的影響,甚至認為這些才是真實的和可信的。而科學與科學精神就顯得很抽象,人們不僅感受困難,且也常常難以感

受到實際意義，故對生活的影響小，甚至不承認科學的存在。

由於世界是如此豐富多彩，物質的構成是如此複雜深奧，而我們的時間與感受能力又很有限，因而我們生活在有限的物質感受與事物表面的印象裡，或者說物質本身的意義被表面的印象掩蓋、真實的世界被有限物質表現掩蓋就不僅是一種必然，也是一種要求。

如果我們把人的行為產生於對事物意義的理解稱為理性，則當人的行為產生於事物的感官刺激與印象，我們就稱之為盲目和衝動。令人遺憾的是，生活中的理性是相對的，而盲目和衝動才是絕對的。

現在一些學者總是以理性和科學來理解人的行為，這顯然是片面與錯誤的。如房價越是漲的時候大家越是買，而下跌時大家卻觀望，這就與市場行為相違背，其原因就在於人們難以控制「漲」的印象對人的刺激，即漲時大家想到的就是漲，並相信漲會持續漲下去；而跌就相反。

我們生活的世界太大、太難懂，於是只需在有限的時間裡獲得好的感受即可，以至於人們有意識地以印象甚至假象來生活而不在乎其真假。

的確，當一令人痛苦的事情不為人們所感受，其痛苦也就不存在。如你有一怪病或缺點自己又沒感覺到，你就不會因此痛苦。相反，你不但知道，且還總是去想它，別人也很關心，則該病與缺點給你的印象就會加深，其痛苦就大了，並可能讓你的情緒變壞、生活質量變差，這樣問題就嚴重了。

因而善意的欺騙是生活的需要，而公開的批評等，儘管是正確的，本意也是好的，但也會讓人難以接受並產生意想不到的結果而需要我們迴避。

這也就不難解釋，儘管我們今天的知識與技術獲得了很大的發展，但我們的生活卻逐步走向一個憑印象感覺而非理性的地步，人們似乎不再像以前那樣認真思考了，而對熱點、時尚與明星總是趨之若鶩，各種因感覺不同而產生的矛盾也在增加。

在我們看來，我們的世界是建立在人的感官基礎上的。從本質上講這種感官仍是一種生物或者自然現象，其意義有多大還很難說，儘管我們自認為我們的生活理性、科學，其實仍可能生活在與貓狗一樣的感覺中。

的確，我們在生活中常常很難弄清事物的本質與真相，且即使瞭解後又

生活的意義

不能給人帶來多大意義，此時我們又何必認真與執著地去追求生活的真諦呢？因而為了減少不安、煩惱和增加生活的幸福感，我們就應該去選擇好的感受，哪怕是表面的與不真實的。

於是出現了生活藝術，如小說、表演等，儘管我們知道這種生活是誇大的與片面的，甚至是不存在的，但因為其形象生動、迎合了人的情感需要，人們仍會沉浸其中。

印象是感受的結果，它不但會反過來影響人的感受，甚至還會改變事物的本質。這是由於事物有許多意義，當人們對某些事物或者事物某個意義的印象增加，其他意義的印象就會減少、減弱直至消失。

由於人們生活在印象的世界裡而常常不在乎生活的真實，因而就可能為滿足人的需要迴避事物的本質，主觀與隨意地想像事物的意義，這樣事物意義發生質的改變就成為可能。

這是《白蛇傳》給我們的啟示：人們需要美好與幸福，以至於希望妖魔鬼怪也能變成美好的事物，即把許多美好的生活與向往強加在白蛇身上而忽視其恐怖的本質，這樣蛇成了美的象徵。而法海卻逆向而為，總是去追求事物的真實，把人間的痛苦與醜惡展示出來讓人們難以迴避，因而儘管他做得正確，還是讓人感到其多事而令人厭惡。

同時，人的情感與思想是變化的。比如，當惡人獲得信任和友情時也會向善與美的方向轉變。如你身邊人是敵人，但你不知道而把他看作朋友，他就可能在你的真誠與友好對待中成為你真實的朋友；相反，你真實的朋友因時時提醒你、批評你，你就可能痛恨他、懷疑他，而朋友在得不到真誠與友好對待的情況下也就可能變成真正的敵人。

或者，當我們主觀認定一事物是美好的，其生理、心理就會發生適應性演變，事物就可能變得真正美好。

這就是說白蛇本身也有在人們美好願望中可能改變其惡的本質，如人們適應了蛇的美好，蛇也能與人類友好相處，而法海阻礙白蛇向善與美的轉變導致他自己成為人們生活中的真正敵人。

於是像表揚、讚美等就應該被看作促進生活變得美好有效的形式，而不

僅僅是對美的讚美。相反不恰當與太嚴格的批評或者殘酷的攻擊不僅給人痛苦，也可能激起人的情緒化反應及錯誤的行為發生，因而這是我們需要避免的。

當人們有意識地增加某些不存在的事物及意義感受印象，同時弱化與忽視一些事物及意義的感受印象，我們又稱之為「心理轉換」。顯然這種心理轉換建立在人的生活更多受事物印象影響的規律上。

生活中這種心理轉換很重要，它是我們獲得幸福與激情的有效方式，因為它對環境與物質的要求很低。

因此我們不要被眼前的痛苦與糟糕的生活蒙蔽，因為這很有可能是一個可轉變的心理狀態，只要我們能積極地控制與調節好自己的情感，幸福就遠比我們所想像的容易，且這也是一種追求，與人們對財富、地位和真理的追求一樣有意義。

印象是感受的結果，也是感受的累積，這有點像數學中的微積分一樣，函數就是印象，它等於感受程度與時間的累積。

感受程度是指人們在感受時的生理與心理參與程度，且通過一系列的生理反應來體現，如緊張與放鬆的程度、體溫與心跳的變化大小、大腦神經的活躍程度與體內化學物質的釋放情況等。當人們對一種事物的感受程度深，即人的生理與心理對一事物的反應程度深，其單位時間內的感受印象增加也就越大，反之越小。

感受程度取決於所感受事物的新穎性與人的感受需要兩個方面。當一種事物的新穎性較強，其事物本身又是人們需要的，則人們受到的刺激與感受熱情就會很大，並導致人的生理反應大，從而留下較深的印象，反之亦然。

如對於自己所喜歡的名人與明星，其對社會熱點的言行對我們的影響就很大，這不僅是其言行的意義，更在於我們很關注、偏愛他們的言行，從而其言行容易給人較強的刺激與較大的印象，這也是他們的言行比普通人重要而需謹慎的原因。

然而無論是感官與理解，也無論事物的性質如何，人們的感受程度都與事物的新穎性程度成正比，即事物的新穎性越大，對人的刺激就越大，從而

其感受程度與印象增加也越快，反之越小、越慢。而當事物的新穎性為零，人們不再有感受興趣為止，其感受印象增加就停止了，此時人們對該事物的印象也達到最大，只是不同的事物有不同的新穎性特點的不同的初始感受程度。

如單位來了新人，或者社會出現了一位名人或明星，這時人們對其關注的程度很大，其印象也快速增加，然后因新穎性逐步減少，其感受程度與印象增加也就逐步減少至平淡，除非有新的意義與不同之處再次引起人們的興趣，如特別的才能與性格。

由於新穎性可增加感受程度，我們也就不難理解持續性與某種趨勢的持續性變化事物給人強烈刺激而對人產生的更大影響。

如對正常的股票漲跌我們會習以為常，但出現較大上漲我們會受到刺激，而當其出現情況更少的持續性上漲，股票上漲對你的刺激就會特別強烈，印象與影響就會很大，故此時你很難約束自己的購買衝動。

其實我們身邊經常會出現這種受到持續性變化給人帶來的巨大刺激而讓人難以做出理性判斷的事例，如房價上漲，特別是持續一段時間的上漲，人們就會給予更多關注，並產生房價會持續漲下去的印象；經濟有繁榮，也有蕭條，可即使經濟學家也會犯這樣簡單的錯誤，那就是在經濟持續繁榮時過於相信經濟發展的潛力而忽視存在的問題，以至於出現嚴重的危機。

對於持續性變化給人的刺激我們可理解為持續性變化本身也是一種特別的新穎性，且持續性時間越長，這種新穎性越強，從而對人的刺激與影響越大。

人們為增加一種事物印象，除人為地直接與不斷重複感受外，還進行聯想。所謂聯想就是人們受到一事物刺激所引發的相同經驗的再現，且隨著經驗被聯想的次數增多與印象加深，人的行為受此經驗影響的頻率也隨之增加。

廣告宣傳中人們之所以用明星做代言人，這不僅因其獨特的聯繫刺激可以增加人們對產品的感受，更重要的是因明星在生活中出現的機會多，產品被聯想的機會也多，這樣產品給人的印象與影響也就增加了。

美國的一項研究顯示，名字首字母是 C、D 的孩子得到較差的學習成績的比例較大，而名字首字母為 A、B 的孩子取得理想的成績的比例較大，原因就在於字母包含有優秀與否的含義，人們就會因此更多地聯想到自己的能力水平與成功或失敗的經歷，從而會激勵或抑制自己的學習熱情。

因此對於具有重要意義的事物，如吸菸有害健康，我們不僅要瞭解吸菸導致的各種疾病與危害，還要反覆感受以增加印象來實現其對吸菸的約束，如不厭其煩地說教與生病、死亡聯想警示等。

同時對於一些重大與重要的生活，我們常常會以一種特別的形式，如歌曲、故事、穿戴、儀式、獎懲與宗教活動等更大程度和持續性地刺激人的大腦神經，也讓人產生更多感受來加深印象，以達到影響其行為的目的。

此外，人們還可以通過肢體動作與語言及互動來增加感受和印象，這也是人們在發生重大生活事件如加入組織、舉辦慶典、發生戰爭時通過一些活動來激發大家相應的情感與思想、強化感受印象的原因。

在群體生活中，人們常常會表現出個人意志，總是希望、要求他人做什麼不做什麼、喜歡什麼與不喜歡什麼，其實質就是通過他人的行為來滿足自己的感受需要。因而權力的意義不僅在於維持秩序，還在於能更多地滿足自己的需要，而這種需要不僅是物質的，還更多地體現在自我感受的實現。

感受產生於被激活的大腦神經，而這種激活既可能是感官刺激的結果，也可能是經驗再現，其關係複雜而需更進一步說明。

其一，在「視覺道德」中，為什麼駕駛者撞人產生的視覺印象會大於抽象的經驗印象而選擇了轉彎？

感官是人類原始而基本的感受形式。當人的感官受到外界刺激，無論是視覺、聽覺、味覺還是觸覺等，都會有相應的生理反應，如體溫和血流量的變化、神經的活躍以及人體內部的化學物質變化與電磁效應。

不過，現代科學發現，人的抽象意識也能引發人的生理反應，如電磁效應。但是，當感受產生於感官的物質刺激，這種生理反應會更容易也更強，而意識所導致的生理反應就相對較難、較弱。

經驗是感受的結果，不管它給人的印象有多深，似乎都很難產生比直接

的物質刺激所引起的生理反應還大的印象，因為經驗太多而抽象，除非感受到特別的意義與啓發，不過這似乎又是人的大腦受感官刺激或者持續關注所引發的持續活躍而已。

這就是說在「視覺道德」中，感官刺激給人產生的印象相對是很大的，至少從當時情況看是這樣。因而儘管撞人的危害性更小，人們也懂得要減少傷亡與損失的道理，但是平淡的數量與經驗印象太弱，或者被當時視覺的強烈反應所壓制而難以給人以影響，這才導致人們選擇轉彎而撞死了更多的人。

因而我們也就不難理解，在撞人的過程中，如果人們能控制好情緒，即壓制被當時視覺激活了的神經反應，能對當時的環境有更多的思考，對經驗更加敏感，則轉彎所產生的更大危害就能對人的行為產生影響，這樣人們還是可能選擇不轉彎的。

其二，經驗也能被人們直接作為生活與感受的對象而不僅僅是聯想，且這是一個隨機的感受過程，只不過人們對經驗的印象越深，被隨機感受的機會與可能就越大。

這種隨機性在人們做夢的過程中得到體現，即人們在做夢時既沒有外在物質刺激，也沒有意識的控制，而僅僅是隨機的經驗感受，只不過其印象深的經驗在人的大腦中相對敏感而容易形成夢的內容。

這也很容易理解：人的經歷太豐富、記憶太多，大腦很難區分誰的印象深與不深，很難選擇感受誰與不感受誰，且這種區分與選擇也沒有意義和必要，於是就只能隨機感受。

所以，無聊時可能想起朋友與親人，也可能想起工作與學習，或者想起某個問題等，儘管親人的印象深，被想起的機會大，但我們可能在此時想到的是工作或者某個朋友等，反正都沒有什麼意義，沒必要形成有意識的選擇。

這時的感官刺激就很重要，即當時的環境與他人的行為容易給人造成影響，容易使人的某種記憶與情感神經活躍而主導人的生活，儘管這種記憶與情感很平淡，印象也不是很深。如領導在提拔員工時若沒有自己看好的對

象，這時某人的表現與建議就很重要。

這就是說，我們在許多時候與很多情況下都處於無意識行為狀態，這時我們感受什麼、受什麼事物影響與選擇什麼樣的生活具有很大的隨機性，這時環境與他人的影響就很重要，特別是人們在年輕時。

其三，通過以上的分析，我們自然會提出這樣的問題，即感官刺激與經驗印象對人的感受影響的關係是怎樣的。

其實，感受表現為人的大腦被感官刺激而激活，而人們對每一種經驗與記憶都表現為相應神經的敏感性程度，或者說是潛意識的活躍程度。這種活躍程度又是由感受的經歷決定的，即當人們對一事物的感受程度越深、感受越多，其印象就越深，大腦對該事物就越敏感而越容易被激活。

顯然，若是印象深的經驗受到外界刺激，則相應神經的活躍就更容易，即可在較小的感官刺激下活躍起來，否則就困難。

比如對於一個道德生活印象差、道德意識薄弱的人來說，我們就需要更多的說教與示範才能讓他產生道德意識和行為。

可以想像，在駕車撞死人的案例中，儘管視覺給人的感受印象深，但當人的理性更強，則抽象的經驗就比較活躍而容易被激活，同樣的感官刺激就可能使人的經驗意識活躍起來，人們為減少損失也就可能不轉彎。

於是小孩一方面喜歡放學后在外面玩，這是感官影響，另一方面又要趕回家學習，這是經驗影響。那麼小孩放學要不要在外面玩、玩多久，就取決於兩者的印象比較了。

由於感官刺激給人的印象太深而讓人難以迴避，於是小孩常常會在外面玩，即使玩的意義不大。而父母想要小孩早回家，就只能反覆強調，且如果有回家太晚而挨過打的教訓，外面又不太好玩，則小孩回家的經驗意識就容易活躍，並更多地會選擇早點回家。

其四，既然事物給人的感官刺激會形成生理反應，那麼這種反應就應該持續一段時間。而在這段時間內，因有更強烈的感官刺激就會抑制這種相對較弱的生理反應而導致其感受轉移。

問題在於，當新的感官刺激趨於平淡，即事物的新穎性減少而對人的刺

生活的意義

激太小時，人們又會延續原來的事物感受，即潛伏與暫時被抑制的生理反應又會重新活躍起來，這時的感受就不算是經驗聯想了，而是感官刺激的結果。這就很難區分是隨機的經驗再現還是感官感受的延續。

如本來我在家欣賞花草，這時有人進來跟我聊天，但聊著聊著感覺沒興趣了，這時又可能感受起剛才所欣賞的花草。至於人們為什麼此時會感受花草而不是別的經驗，在於受花草刺激的生理反應還沒有完全消失，只是暫時受到壓制而已，即是對花的刺激所產生的感受延續，而非隨機性的經驗聯想。

然而，儘管經驗是過去發生的事情，但人們有特別的興趣，其感受還是很強烈與持續的，可能比直接的物質刺激所產生的感受還強烈。不過，這種經驗感受又是人們有意識控制的結果，即追求，或者是因感官刺激后在人的大腦有意識控制下神經的持續活躍而已。

其五，人的感受是時常在轉換的，這與事物的性質與事物印象有關。

在感受的轉變中，事物之間的差異越大，而你對一事物的感受程度與印象越深，這種感受的轉換就顯得越困難，因為人們要轉換感受，就必須消除原來事物的印象與抑制已激活的神經，同時因新事物的陌生也需要你更多的意志；相反，當事物之間的相同點越多，對當時感受的程度與印象越淺，則感受轉換就越容易。

於是，隨意（感受程度小）與相同性強的感受轉換是比較容易的，如人們一邊上網一邊給朋友發著短信，甚至還可能在寫信；我們常常在一邊吃飯，一邊看電視，同時還在與旁邊的人說話，這些都是因為所感受的程度小，且差異不大而感受的轉換容易，以至於人們感覺到可以一心多用，即同時感受多個事物。

而在你集中於某一事物（感受程度與印象深）時，有人打擾你（與你感受的事物差異大），多半你會暫時不去理會他，因為這時為了提高效率而不願停止正在進行的工作。

一項對微軟公司員工工作效率的最新研究指出，他們在受到打擾而中斷工作後，平均需要15分鐘才能重新集中起注意力，這就是他們對工作與打

擾之間的感受轉換時間。顯然，當他們的工作越投入，這種感受轉換就越難，所需時間越多。

第三節　感受的差異與趨同

人的行為總是相互影響與需要而有趨於一致的規律，同時因環境與經歷的不同所表現出來的差異也總是存在從而需要我們理解。

生活中一個令人遺憾的現象是人們常常不能相互理解。如市民不理解農民因氣候不好而痛苦，因為他們不知道氣候直接決定了他們的收入與生活的溫飽；窮人不理解富人有那麼多錢還在不斷投資，並因財富增長壓力與投資失敗而痛苦，因為在窮人眼裡豐衣足食就是理想的生活；而富人自然也就不理解窮人這麼窮還悠閒自得。

其實，國家與民族間的生活差異也是這樣，如伊斯蘭教民的嚴格穿戴與生活約束在西方看來令人痛苦，而西方人的個性與開放生活在伊斯蘭教民看來同樣讓人難以理解，也不能容忍。

生活總是建立在賴以生存的環境及相應經歷所形成的經驗基礎上的，而每個人、每個民族所處的環境與經歷是不同的，這就造成了各自不同的行為方式與情感差異，這種差異既是生存的需要，也是效率的反應。

我們知道，事物對人的影響不僅在於其意義，更在於其印象的大小。而印象是感受的原因，也是感受的結果，這樣人們選擇印象深的事物感受，而印象又在感受中得到強化並反過來更強烈地影響人的感受。這就是說，人們生活在不同的環境與經驗裡，必然導致相應環境與經驗印象的加深，這反過來又進一步使人們的生活受到相應環境與經驗的更大影響。

顯然，感受與印象的循環形成了人們生活的差異規律：不同的環境與經歷形成了不同的生活選擇和印象，而不同的生活選擇與印象增加又進一步強化人們對各自環境與經驗的依賴，其結果必然是不斷增強人們之間因環境和

經驗不同所形成的生活差異。

因而,人們都在不同程度上陷入了由特定的環境與經歷所構成的封閉生活中,對自己的生活與經驗過於重視,對自己的行為選擇有一種盲目的衝動,而對自身以外的世界缺少正確瞭解,並由此產生偏見與習慣性排斥心理,進而導致人們不能很好地交往以及生活質量的下降。

我們可以用兩個規律來說明差異在生活中的存在與意義。

首先是第一感受規律。所謂第一感受規律,就是說在生活中,人們最初因沒有經驗而內心是空白的,這時因感受慾望很強而對最先接觸的事物產生較大程度的感受與印象增加,由此決定了該第一感受事物對生活的影響大。

如在工作與某種生活中第一個接觸的人容易成為我們關注的對象,對自己今後的生活影響會很大;在學習中最先接觸的觀點與內容最容易被吸收,其給人的印象最深而對人的影響最大。

而隨著生活與經驗的增加,人們若要進一步感受其他事物就日益困難了,其原因一是因人的感受能力一定,當有經驗儲存與獲得感受滿足後,自然對其他事物的感受需要與熱情降低。這就像人餓了需要食物充饑,而一旦得到某種食物後,這種需要就可能消失而對食物不再感興趣了。二是人們會形成相應的習慣和偏見,由此產生對其他感受的排斥。

當人們感受一事物,就會形成該事物給人的感受印象,這時人的相應思想與情感也變得活躍,對其他情感和思想的事物就會產生抑制作用,並形成相應的習慣、偏見,使其他感受變得困難。

如到了一陌生的地方,很容易因為一個人一時、一點的友好而產生好感與關注,則不僅對其他人的關注需要減少,對其缺點的認識與他人的不同觀點也很難接受。

我們常強調第一印象,其意義就在於最初的經驗為空白而讓人的感官、思想與情感都會表現出強烈的感受需要而容易被激發,從而任何事物及觀點都容易被感受,並形成較深的印象而給人較大影響。

我們常說一個人在小的時候或新人等容易培養,就在於他們的經歷空白而有較強的感受能力及能力的增長,於是感受事物容易。相反,對成年人特

別是老年人來說，哪怕接受一點點新事物、做一點點改變都會很困難。

其次，根據第一感受規律我們很容易得出第一感受效應規律。所謂第一感受效應，就是指生活中的第一名、第一個與最特別的事物是最容易和更多地被人們關注，而其他事物容易被忽視。

根據第一感受規律，第一事物被人們更多地關注是很正常的，但不正常的是與其他事物相比這種被重視的程度差別太大，其原因就是第一事物消耗了人的過多感受資源，也可能刺激人們產生不利於其他事物感受的情感與思想「變異」。

假設第一與第二事物的差別與差距為 10 個單位量，但人們對第一與第二的感受與關注程度差距就會遠大於 10 個單位，如 20 或 40 個單位，甚至更多。

生活中需要得到幫助的人很多，若某個人及其貧窮的生活狀況被媒體報導，人們就會把他作為需要得到幫助的典型而更多關注，並因此消耗較多的生活資源與道德熱情，從而使其他人失去本可以得到幫助的機會，由此造成新的不平等。

對於成績好的學生，老師會更重視，社會也會給予更多激勵，從而成長的資源更多地被好學生佔有，而差生就會被意外地冷落，並因此產生更大的失敗感。

這種差距的擴大更深層次的原因在於人們情感與思想可能產生了某種變化，即老師與社會希望看到學生健康成長和更快成功，並以此滿足他們盲目和偏見的情感需要，因此產生「變態氛圍」：對於被重視的學生，好的被誇大，不存在的優點也會被大家認可，其缺點與不足卻被忽視和掩蓋；相反，不被重視、人們反感的學生就更不幸了，即使有好的表現也會受到歧視與誤解，有發展機會也可能被人為地破壞。

我們時常抱怨生活中的不公，總是強者越強、弱者越弱，其原因不僅在於人與人之間的固有差距所產生的影響，還在於人為的偏見與「變態心理」作用而使強者更容易變強、弱者更容易變弱。

於是，當我們成為「第一」時，平淡的表現也會被人注意，很少的努力

與成績也會被誇大，這就形成了「事半功倍」的效果。相反，當我們發現自己還達不到第一、機會不是很成熟的時候，就不要過多地消耗自己的資源和表現自己，以免「事倍功半」，而應「蓄勢待發」，等待「事半功倍」的時機。

因此，付出更大代價爭取獲得「第一」是值得的，這包括做最優秀或者最先做到的等。

人的生活又存在相互影響而趨於一致的規律。

首先，人們之間表現出趨同與一致更容易。其原因有以下幾個：

一是人的行為會對他人形成印象影響而有一致的要求。

為什麼要禁止人們在公共場所抽菸，這不僅在於這樣會影響他人的健康，還在於避免抽菸的動作給人印象而增加人們抽菸的選擇趨向，同時對某些具有相同情感經歷的人來說，還會刺激抽菸的經歷再現與神經活躍而產生抽菸的衝動。

科學家發現，我們的大腦是由鏡像神經元聯成網路的，其不同的大腦神經元會因不同的肢體行為而變得活躍，於是通過肢體語言與情緒化行為來相互影響是很有效的。

由此，看到別人行善，自己行善的可能性就會增加（行為的印象影響），而若人們都有過行善的經歷（情感與經歷被激活而再現），則他人行善對自己的影響就會更大。

二是思考代價的存在。生活總需要思考，而思考是人們不願面對的代價行為，於是當看到別人做出某種選擇，就會以此為標準，相信他人的行為是合理的，是思考的結果，以此來減少思考代價與不確定性風險。

如長大后做什麼、在面對某種環境如何反應以及對某個問題如何認識等，如果沒有經驗與標準是很難做出選擇的，而一旦有人，尤其是自己所喜歡的名人、明星、信任的朋友與崇拜的領導，或者僅僅是身邊所熟悉的人等做出選擇，自己就很容易做出同樣的選擇。

生活中我們可能會發現，當一個人跌倒時若有人袖手旁觀，則自己可能也會袖手旁觀，這不僅是因為他們給自己一個旁觀的印象與情感影響，還在

第二章　生活是一種感受的過程

於這給人一種感覺，即好像旁觀是有道理的、應該的，而自己去幫助他可能存在什麼問題，且旁觀的人越多，自己所受這種影響越大。

這就是說，當太多的人都對他人的跌倒無動於衷時，儘管從道義上講很不好，但考慮到越來越多的人旁觀對他人產生更大的影響，問題也就沒有想像的那樣嚴重了，也許在剛開始跌倒時就有人採取行動，情況會完全相反，這也反應出生活中表率的意義。

三是行為趨同有利於群體生活效率的提高與生活激情的增加。研究發現，行為的趨同能減少矛盾與衝突，因為順應他人能產生信任與親近感，能更有效地使人們友好相處以及團結一致應對生活的危機。

如當朋友成功後你去祝賀，你不僅能分享到喜悅，也會增加友情與信任，從而也更能激發生活的信心；相反你無動於衷，甚至予以否定，則自己不僅不能得到分享，還會影響他人，彼此產生隔閡。

因而在別人面前微笑、讚同，大家就會感到輕鬆並縮短彼此的內心距離，且這也是一種互助行為，即增加別人對你的好感而給自己的生活也帶來方便；而當你對別人說不或表現出相反的情緒，這不僅會產生負面情緒，還會讓別人把你看作異類，並因此對你警惕與疏遠而增加交往的困難，而這種否定很可能是不必要的，甚至是錯誤的。

人們在生活中很難說「不」，因為說「不」不僅要有合理的解釋，還要承擔不確定性風險；說「不」是對他人的否定，也很難讓人接受。

西方學者通過大量的調查研究指出，當一個社會有30%的人同時感受到一事物，該事物就可能會產生社會性群體趨同效應，即很快被全社會關注而成為大家生活的焦點。

會唱歌的人不少，但一旦某人在某個公眾場所演唱，並被媒體宣傳，則他就可能成為大眾心目中的明星與公眾的娛樂對象，其原因就是人們對一個人唱歌的水平認識是很難的，評估是有代價的。於是當一個人能公開演唱，被媒體報導，這就暗示他有很好的演唱水平，是被認可了的歌手，從而自己只管去欣賞而不必費心去評價、尋找更好的歌手。

某人在媒體與公眾場所的出現，加上特別的「包裝」刺激，人們對其感

受印象會由此加深，從而人們在娛樂與交流時很容易聯想起該歌手來，這時你要重新尋找與發現更理想的、他人知道而能產生共鳴的對象顯然太困難，這時該歌手成為公認的明星就很容易。

當然，一事物可能有一點意義，或根本沒有意義，但經別人一提及、社會一宣傳、權威人士一強調，人們就可能覺得其意義無窮而加倍重視，並因此忽視其他更有意義的事物，由此導致大家都處於這種錯誤的感覺中而不能自拔，也就是一個不合理的、危險的趨同現象。

或者，當一個人僅僅為得到他人的認可而盲從，甚至在壓力下屈從，也是不合理與危險的。

人的這種行為與情感趨同也很容易在能相互影響的有限範圍內形成封閉與偏執的生活，從而對外顯示出更大的差異性。

當然，每個人與社會所處的環境和擁有的條件不一樣，由此形成的生活差異是我們需要理解和尊重的，並學會欣賞這種不同，而不是盲目地排斥與殘酷鬥爭，但這種差異應該是暫時的、表面的。

感受的差異性與趨同性都是相對的，並同時存在於人們的生活中。環境與條件的不同造成人們生活方式和習慣的不同，而交流與交往又在促進人們生活的趨同。對於一定地域、群體與國家來說，對內會因其相互影響而形成行為的趨同，但他們對外卻可能表現出不同與差異趨勢。

同樣的感受印象規律，既能使人的行為產生差異，又因相互影響而產生趨同，而最終是差異多一些還是趨同多一些，還取決於人們對生活的認識與態度。

此時，一個人、一個國家與民族能表現出積極的對外開放與交往熱情，就能更多地相互影響、更多地趨同，而其差異會變小，矛盾與衝突也會減少。而當人們置身於各自封閉的環境中而對外缺少交往時，生活之間的差異性就會增加，相互的矛盾與衝突也會增加。

生活需要趨同，需要在更大範圍內的更健康的趨同，且信息、交通與科學的發展也在促進這種趨同的形成，狹隘、自私的趨同最終是會被否定的。

生活需要相互交往與理解，人們在這種交往與理解中才能獲得更多的互

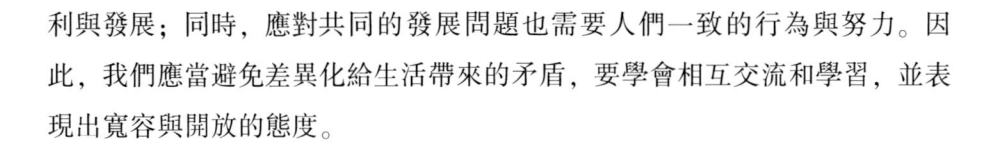

利與發展；同時，應對共同的發展問題也需要人們一致的行為與努力。因此，我們應當避免差異化給生活帶來的矛盾，要學會相互交流和學習，並表現出寬容與開放的態度。

第四節　情緒化

當人們對某一事物的感受過於強烈時，人的生理與行為也會出現激烈而異常的反應，即情緒化。

由於感受與人體反應的一致性，人們又常常反過來利用情緒化來強化某種感受，如使用簡單的物質刺激、自我強化與互動等刺激人的情緒反應來強化感受。

感受是事物對人的生理與心理產生作用的過程，人的行為是這種作用的結果。如人的感官受到物質刺激會產生肢體動作，對生活的理解與思考會帶來生活方式的改變。

於是，當人們深陷某種感受中，如受到環境的強烈刺激或者對一種生活有深入的體會，人的生理與行為就會出現異常反應，以至於他人都很容易感覺到。如人們喜時手舞足蹈，怒時咬牙切齒，憂時茶飯不思，悲時痛心疾首，思時沉默寡言，危時緊張萬分等，同時伴有內在的生理變化，如體溫增加、心跳加快、某種神經的活躍而過敏，以及體內化學物質的釋放與加快，或者相反等，我們稱之為情緒化。

情緒化首先表現為人的感官受到刺激的反應，如身體受到傷害產生劇烈的疼痛、氣溫太高時的煩躁，或者聽音樂與見到親人時所產生的激情等。

其次，情緒化是心理活動的結果，如獲得一重要啟發時的興奮與長期的思考有了結果時的喜悅，或者人身受到不公平待遇時所表現出來的憤怒等。

當人們對一事物進行感受，人的生理與心理就會受到影響而產生相應的行為要求，從本質上講人的這種感受與行為反應仍是一種生理現象，如同生

命體在不斷吸收營養就會生長一樣，而人的心理也必須接受事物刺激來維持存在與發展，其行為反應是這種存在與發展的表現。

因而我們可把感受，即人的生理與心理受到事物刺激理解為能量吸收和形成的過程，而由此所產生的行為，即肢體動作與生活方式的改變就可理解為能量釋放的過程。儘管這種能量吸收與釋放的形式和持續時間各異，其意義都是人的生理與心理通過吸收能量來獲得滿足，再通過釋放能量促使生理與心理更趨穩定。這也是生命體適應環境的進化結果，即在與大自然融合中不斷提高自己的穩定性。

於是我們又可將情緒化理解為因人們的感受程度大，其生理與心理因積蓄了巨大能量而在短時間內釋放所產生的穩定行為。

然而有意思的是，由於情緒化與感受程度的一致關係，反過來人們又能利用情緒化宣洩來增加對特定事物的感受。

如喜悅時為獲得更多、更大程度的享受，人們就會有意識地手舞足蹈，這不僅是一種內在的宣洩，也是人為地製造氛圍來刺激人的快樂神經，同時有意與無意地使人不易受其他事物影響而能更大程度地感受自己所喜歡的事物、放縱自己的情感。

生活中我們時常需要調節人的情感與思想以增加所需要的感受，如學校請了一位名人來演講，為了讓學生達到更好的學習效果，學校就會事先做好工作，即通過提示與宣傳來預先刺激人的相應感受神經，從而讓演講更有效率。否則，人們事先沒有準備好，如還在想別的，或者情緒低落等，就會造成一種不相干的情感與心理，而在聽演講時人們才依靠名演講來轉換情感與啟動相應的神經，自然就會浪費演講者的時間與精力而影響演講的效果。

其實，導致人們對一事物的感受程度不一樣常常不是單一事物的刺激，而是多種看似不同事物共同作用的結果，這就像人們協同工作可產生規模效應一樣。於是為調節人的情感與思想，人們就有必要通過另一事物來刺激人的神經，而這種刺激相對容易，且這種刺激包括記憶刺激與情感刺激兩種。

首先，人的經歷與記憶是豐富的，而刺激這種記憶可激活相應的感受神經，從而使相應的事物感受變得容易。

第二章　生活是一種感受的過程

如我們悼念逝去的親人時，為了更好地表達悲痛與懷念之情，就需要利用相聯繫的紀念物品或者一起生活過的環境等來激發人們的哀思。

其次，有些事物可通過情感激活來增加感受效果，如悲傷與喜悅。

人們可感受的事物是非常豐富的，而人們對這些事物所表現出來的情感與生理反應就相對簡單得多，即可感受的物質世界是無限的，人的經歷也豐富多彩，而情感反應無非是喜怒哀樂、好與壞等幾種表現，而最后反應在人的生理特徵上，可能就更簡單了，如僅僅是興奮與低落、緊張與松弛。

現代醫學研究證明，一個人在事業的追求上，其生理反應與吸毒是一樣的，即釋放令人興奮的多巴胺，這似乎證明一種簡單的生理反應可由眾多的原因與生活形式引發。這樣，通過簡單容易的某種事物的刺激可讓人產生所需的生理與情感反應，從而可增加人們對一事物的感受程度。

如人們在看悲劇片時播放令人悲傷的音樂，這樣就可調整人的情感，從而達到更好感受劇情的效果，而播放令人悲傷的音樂是很容易的。

人的這種情感刺激也在技術上得到體現。生理醫學研究發現，人體皮膚重約4千克，多達兩平方米的覆蓋面積使之成為我們最敏感的感官部位，加之皮膚的敏感性從母體孕育時期就已形成，因此人類觸覺和情緒之間存在緊密聯繫。

為此，飛利浦公司製造了能將人類觸覺與激發器技術帶來的體驗結合起來的「情感夾克」，從新的角度增強觀眾在銀幕前的享受。

「情感夾克」是一件帶有一系列激發器的外套，它根據銀幕上的內容決定是否啟動；一經啟動，觀眾便可以體驗到與劇中人物相同的情緒。這樣，穿著「情感夾克」的觀眾就能最大限度地產生身臨其境之感，這就是以一種技術手段刺激人的情感反應來實現更多感受的情形。

因而我們也不難理解，像品牌消費與特定的穿戴、特殊的人物與明星，其意義就在於能激活人的某種情感而有利於我們某種生活的感受，如品牌能讓人自信以及產生高層次生活的感覺。

因此，具有某種特定意義的口號、儀式，更多是用來刺激人的某種情感與記憶，以此增加人的某種感受，並常常被我們用來作為激發與發展某種生

生活的意義

活的手段。

　　生活中我們需要更多激情與道德情感，這時就需要有更多的道德人物與美好生活刺激，如名人與明星的良好形象、人與人之間的友好相處等。

　　於是簡單而平淡的問候、微笑與稱讚等友好行為，都有利於人們生活質量的提高。相反自私、冷漠與攻擊導致人的情感壓抑和仇恨而對生活造成很大的負面影響。這也就是我們崇尚前者而排斥后者的原因。

　　由日本科研人員進行的一項最新研究顯示，人們在工作中觀看令人愉悅的寵物照片可提高人們工作的注意力和熱情。

　　這給我們重要啟示：人們有可能，也有必要通過簡單的物質手段與生活形式來提高生活的品質和效率。

　　生活中通過簡單的事物激活人的記憶與情感以增加某種感受這種情況既很普遍，也很複雜。

　　記憶與情感激活往往是相互影響的，即在激活人的記憶時可能某種情感也被激活了，或者某種情感變得更容易激活了，如不友好的記憶讓人憤怒。同樣，在激活人的某種情感時相應記憶也會活躍起來，如悲傷時容易讓人想起失去的親人，道德情感的激活有利於美好生活的回憶等。

　　同樣的事物在不同習慣與文化的生活中會產生不同的情感和記憶激活。如在西方生活中的 AA 制強調的是平等、義務與責任，而在我們看來卻可能是自私、不講情誼的表現而激發人們個人主義的情感和不友好的記憶。

　　事物對人的某種情感與記憶激活也存在這樣一個問題，即當人們受到另一事物刺激，人的感受也會因此分散。這樣，當人們感受一事物，對另一物的感受影響表現出兩種趨勢：一是感受得到一定滿足而導致其感受需要的減少；二是人的相同情感被啟動而導致感受需要的增加。而哪種趨勢占主導就要具體分析了。

　　總體來說，如果一種事物更多的是激發人的某種情感與記憶而本身不會引起人的太多注意，如紀念品、音樂、禮儀與警世的語言等，甚至是單純的技術，像「情感夾克」與興奮劑等，那麼所產生的感受分流就少。或者刺激事物與所需感受的事物的相同性強而感受轉換容易，則事物的刺激將使得情

第二章　生活是一種感受的過程

感與記憶變得活躍而有利於人們對某種事物的感受。

人們做過實驗，同樣條件下穿白大褂的被試者在注意力測試中表現更好，其所犯的錯誤只有沒有穿白大褂的一半，原因在於人的記憶中白大褂與科學家、醫生的形象相聯繫，因而給人一種嚴肅、認真與注重細節的情感刺激與記憶激活，而白大褂又很普通，其本身不會引起人的過多關注。

相反，過多分散人注意力的刺激，如你在欣賞音樂時有人給你講故事，儘管情感反應一致，也會影響你對音樂的欣賞，即對自己感興趣與需要關注的生活不利。

人的肢體語言與音樂是人們情感激勵中常見而簡單有效的方式。心理學研究發現，音樂和人的肢體動作與心理活動是相互影響的，即某種心理活動會引發相應的肢體動作與需要某種節奏的音樂感，比如憤怒時我們會握緊拳頭、呼吸急促並需要節奏感強及粗獷的音樂；快樂時我們會嘴角上揚，面部肌肉放鬆，需要輕快而慢節奏的音樂等。

同樣，人的肢體動作與某種節奏的音樂也會導致人的相應心理活動，即特定的肢體動作、語言與音樂能調動你需要的情緒。

人們做過實驗，當人們聽著音樂跑步，如果音樂節奏超過跑步本身的節奏，那麼跑步者就會感到緊張而試圖跟上音樂的節奏，於是跑步加快。

藥物也能刺激人的情感作用，但是我們認為如果不是特別的疾病，如自閉症，在正常情況下，這種做法可能是有害的，至少從長期來看是無意義的。

在人的感受過程中，人的心態，即心理調節也很重要。顯然，當人們為了達到某種感受效果，就會放任自己，有意識地強化自己的感受，或者有意識地排除其他事物的干擾而讓自己情緒化地陷入某一感受狀態中。

如喜慶時，我們會有意識地參與，這不僅是指人的感官接觸，也是有意識地將自己的情感融入其中。

相反，痛苦時雖然人們也有宣洩的需要，但這僅僅是為了釋放痛苦的感受能量，或者在人們能夠釋放痛苦情緒的情況下，還會為減少痛苦而有意識地控制這種情緒化反應，於是人們在遇到痛苦時常常是單獨發洩，不想在他

063

人面前有所表現。道理很簡單，痛苦是人們不需要的和希望迴避的感受，除非這種痛苦有特別的意義，如親人的失去值得我們去懷念，或者作為一種經驗與教訓，或者為了獲得幫助與同情等。

因此，情緒化既有無意識的本能反應，即由於事物本身的刺激所產生的情不自禁，也有自我有意識地放縱與心理調節來改變感受的意義。

然而在群體生活中，由於情緒化反應對自己來說是自我情感調節，而對於他人來說又構成了環境刺激，並相互影響。

這就是說，群體間的情緒化會對人的情感產生雙重或者多重刺激，導致行為趨同的加強而形成共鳴，即相互影響的情緒化肢體語言導致趨同性情感強烈，尤其在一個封閉的群體生活中，人們很容易產生過度自信與超越感，所隱藏的風險自然也很大。

為什麼生活中幾個「志同道合」的年輕人常常會做出意想不到的事情來，在於他們衝動的情感再加上情緒化相互影響，這極容易導致他們打破常規而產生極端的內心共鳴行為。

在感受的調節中我們還要理清這樣一些關係：一是對一事物的感受需要人哪些生理組織參與，並需要什麼事物來激活這些生理組織；二是人的某種記憶與情感發展需要什麼樣的生活和刺激；三是對於某些人來說，哪些心理活動容易被激活並出現情緒化反應，我們可採取哪些手段；四是在這些感受與事物的關係中，人的心理素質與態度有多大的意義。顯然對這些問題的研究是很重要的，也許這就是一門學問，即行為生理學。

研究發現，人的心理反應與物質間存在許多奇妙的關係。如人的大腦能根據旋律激發的感受將音樂與色彩聯繫起來，由此認為經由刺激一種感知途徑（如聽音樂），自動觸發另一種感知途徑產生體驗（如容易看到色彩）。

又如味覺反應，通常認為，味覺來自舌頭，但研究發現並非如此，而是與聲音、圖像及環境等因素密切相關，即神祕的味覺是各種感覺刺激所產生的反應。於是，要讓人們因味覺刺激而產生很大的感覺反應，就需要這些看似不相關的物質作用。

因此，生活中的許多感受是多種事物的共同刺激與各種感官、組織的參

與，還有人的態度作用結果，同時人的情感思想的激活似乎也存在著某種形式的臨界點，而情緒化似乎是這種臨界點的表現。

此外，情緒化還可被用來傳遞信息，且這種情緒化信息表達是人類原始交流方式的延續。

人類作為群體生活的動物，總有表達情感與傳遞信息的需要。於是，進行能量釋放的情緒化肢體動作，自然也會被人們用作傳遞信息的有效方式。

如哭泣，不僅是個人的情感發泄，還可因此向別人表示自己很痛苦而需要同情和幫助。又如有人試圖傷害你，你就要做出情緒化的反應，以向他人傳遞信息以示自己處於危險中，或震懾對方以避免衝突等。

人類最初以情緒化方式來傳遞信息產生於惡劣的生存環境中，當人們面臨危險時能讓大家迴避，而在獲得食物時能讓大家分享，並以能相互理解的手勢、聲音和表情來傳達，然後逐步發展成以語言、文字以及日益豐富的肢體動作等方式來實現人的更多情感和思想表達。

在信息技術高度發達的今天，為什麼人們還需要面對面的交流，即使長途跋涉人們也要見上一面，其原因一是通過情緒化的肢體語言來加強感受，二是人們能從他人的肢體語言及其互動中獲得更多意義，而這些是語言與文字不容易或者不能表達出來的。

如想知道他人對一事物的愛或恨，且你覺得這很重要，通過簡單語言與文字也不能達到你想瞭解的程度，就只能通過豐富的肢體語言或者更多的互動來感受。

又如聽歌，儘管人們很容易通過播放的形式聽到，但人們仍想從真實的演唱環境中體驗，原因就在於由此可獲得更大程度與更多信息的感受。

情緒化反應既有人的能量釋放要求，也有人們有意識的放縱，我們難以區分。同樣情緒化是強化自我感受需要還是傳遞信息也常常難以區別，如特定意義的穿戴、宗教儀式等，我們很難區分這是人的本能情緒化反應還是在向他人傳遞信息以試圖影響他人。

法國禁止在公眾場所穿戴具有宗教特徵的服裝，就是擔心其有意無意的情緒化行為會對他人的生活產生影響。

在人類的進化中，這種表達與傳遞信息的原始肢體動作不但沒有減少和消失，反而隨著生活經濟性要求的提高與人的情感、思想的豐富而發展，如情緒化所表達的信息已變得日益普遍，表達的意義越來越多，且不同的地區與民族有不同的情緒化意義表達方式。

情緒化表達方式受到文化因素的影響，並隨著歷史的變遷而在不斷改變，即各種文化的肢體語言中常常有各種不同的文化含義。

第五節　變　異

我們的生活常常會出現較大變化：喜歡自由自在的突然開始很注重某種形式了；本來性格活潑的突然變得沉默寡言了；不喜歡體育鍛煉的開始喜歡了；等等。這就是生活中的變異。

生活總在變異，問題在於如何使變異發生得更有意義與有效率。

行為是指具有一定意義的肢體動作與生活方式，它可分為重複與變化兩種。前者是人們在相同環境下的經驗和習慣表現，是由人的本能與感覺決定的，如每天重複性的吃和睡、工作和休息等；後者是人們思考與選擇的結果，也是人們適應環境變化的反應，如根據食物的味道與營養做出飲食調整、迴避危險等。

因而人的行為是由經驗所形成的重複與思考所產生的變化兩種形式組成的。然而變的內容也會在不斷的重複與適應中沉澱為不變的習慣，不變也就是一種相對的穩定而已，因習慣本身也在不斷改變。

人的行為總是隨感受變化的，且當人們對事物的感受程度小，則人的生理與心理活動相對穩定，其行為就表現出溫和的、可預期性的調整；而當人們對事物的感受程度深，這種行為變化就可能是較大的、具有方向不確定性的變異。

如人們從喜歡某種食物變得不太喜歡了，天天在一起的朋友因繁忙而較

第二章　生活是一種感受的過程

少來往了等，這樣的生活變化都是很正常的，即是習慣的調整。而當他突然拒絕原來的食物而改為吃味道與風格完全不同的食物，甚至厭食，或者朋友間從來往密切到從不來往，甚至變成了敵人等，就會引起別人的注意與思考，並在他人看來很不正常了，這也就是行為的變異了。

變異是人們在感受中形成較大能量釋放時的表現，因而要讓人的行為產生較大改變，就必須讓人受到足夠大的刺激、獲得相應的感受能量，這就像要讓一個人走得更遠就需要更多的體能一樣。

變異源於感受程度大，而這種感受既可能是外在的刺激，如物質刺激所造成的創傷、空氣污染造成的人體功能破壞或者語言刺激了人的情感與思想；也包括人們主觀感受強化的結果。

實際上，即使受到強烈的刺激，只要我們能以冷靜和開朗的態度來對待，通過及時地轉移感受就能化解其刺激所產生的影響。

但當我們總是去想它，或者不斷去理解甚至錯誤理解它的意義，就會因此受到嚴重影響而產生行為變異。如他人的指責讓自己越來越憤怒並因此產生敵意，或者他人的一點表揚讓自己得意忘形而不再注意自己的缺點等。

人們在生活中也很容易受到意想不到的、看似平淡的事物刺激而產生意想不到的變化。如一句話、一個動作與一些很小的衝突等，都可能給人強烈的刺激，讓人的生理與心理產生異常反應並留下永恆的記憶。而領導的特質就在於能通過簡單的語言與平常的行為給人留下特別的刺激和啓發而讓人思緒萬千，並由此改變一個人的生活。

然而，多大程度的刺激與行為改變才能產生變異，這仍是一個較難說明的問題。不過，人們在產生行為變異時常常有如下特點：

一是人們持續陷於某種情感與思想中，而這種深陷的原因可能是外在的較大與持續性刺激，也可能是人們在自我封閉中主觀強化的結果，且常有情緒化特徵，因情緒化本身就是人的生理與心理在受到較大刺激時所產生的行為變異，只是這種變異可能是短暫、不穩定而可恢復的。

或者，人的變異產生於長時間量變的累積而沒有明顯的情緒化反應，如長期的病痛與不斷的失敗折磨，或者因長期的疑惑與壓力以致行為逐步變得

異常，或者因特定的環境與追求而慢慢改變了性格等，但質變時還是會有一定的情緒化反應的——儘管不明顯，或者是因為人為地控制了這種情緒化的反應而已。

當然，人們深陷於某種情感思想中與情緒化反應有密切聯繫，表現為當人們深陷一感受中，很容易產生情緒化反應；而人們對一事物的情緒化反應也容易讓人的情感與思想深陷其中。

情緒化僅僅是滿足人的某種感受能量的釋放需要，所以不難理解情緒化變異的短暫性，如聚眾狂歡、受刺激時的驚叫與失敗后的短暫痛苦等。

然而對於某些特別而重大的生活，當短暫的情緒化反應仍不能滿足人的能量釋放需要，或者在情緒化過程中仍在持續受到事物的刺激，人們就會通過持續與更強烈的情緒化反應來實現能量的釋放，其短暫的變異就會演變成長期與真實的變異，其意義也就重大而需要我們關注。

如對於偶爾的較小的失敗人們可通過情緒化反應恢復正常，但持續的較大的失敗就會導致人們不能正確理解而長期陷入痛苦與憂鬱的負面情緒中，其心理也就可能出現新特徵，即遇到壓力與新事物就會產生緊張不安和恐懼。

二是有變異方向的不確定。這是由於人們在受到事物的強烈刺激時很不穩定，因為此時人的生理與心理穩定剛被打破，新的穩定還有待建立，而如何建立就意味著變異方向與程度具有很大的隨機性，此時環境的影響與他人的態度就很重要。

失敗既可能讓人變得堅強，也可能變得消沉，這時我們如果及時地給予幫助，就能讓對方變得堅強而不是消沉。

或者在他人處於情緒化狀態時，我們應該冷靜與正確引導，而不是盲目地得出結論與情緒化地對待他人，以便使好的變異產生，不好的與不符合自己需要的變異受到扼制。

如一個人受到批評，儘管批評者是善意的，但無意間一句話或表情就可能讓人感覺到受辱，並因此產生情緒化的反抗心理，但這種反抗心理又很不穩定，既可能很快消失，也可能變得更有攻擊性，或者變成不明顯的持續敵

對情緒等。這時批評者就要冷靜，在發現被批評者出現抵抗情緒時要改變批評方式與語氣，不要讓事情變壞。

或者一個人有想法或不滿而不讓其表達，有追求卻不能去嘗試，或者不讓人瞭解真相等，這都會刺激他人而引發不必要的、常常是壞的變異產生。因而及時增加溝通與交流，並盡量做到公開與公正、科學與規範，這樣就能減少不好的變異可能。

三是生理與心理特徵明顯改變，且具有持續性。變異常常是短暫而可恢復的，即人們在產生較大行為改變後能很快恢復正常，這種變異的意義也就不大。如一個人在受到他人語言刺激與不公正對待時常常會產生情緒化反擊的衝動，但可能很快冷靜下來。

然而當人的生理與心理發生不可逆轉的變化就會使變異具有持續性，因為人的行為建立在特定的生理與心理基礎上，如「一朝被蛇咬，十年怕井繩」的永久記憶，或者受到嚴重而持續的人身攻擊產生對他人的習慣性仇視和恐懼心理，以及相應的生理變化，如身體通過持續釋放腎上腺素或皮質醇之類的荷爾蒙來應對壓力，並因此導致體重增加、血糖與血壓長期處於較高水平等不良特徵而讓自己變得脆弱。

事物都有穩定的要求，並具有維持穩定的能力與運行機制，而環境的變化總是在考驗這種能力。生命的意義就在於能持續培養能進行更多自我調整的穩定能力。

人類的穩定性不僅表現為生理機能對環境的適應性，更表現為日益強大的思想與技術以及良好的社會運行機制，如有利於發展的制度與開明的文化思想。

事物總有一種維持穩定的能力，我們稱為承受力，而變異是這種承受力被破壞時的反應。於是對於行為調整我們可將其理解為人們對較小的事物刺激做出的適應性變化，是在人生理與心理相對穩定的情形下做出的量的改變；而對於行為變異我們也就可將其理解為人們受到較大刺激時相對穩定的生理與心理狀態被打破后的行為反應，是人的生理與心理產生了質的改變。

因此，變異是事物給人的刺激大於人的承受能力，即人的生理與心理的

穩定狀態被打破而產生重新尋找穩定的情形，因而我們又可將情緒化理解為人們在重新獲得穩定前的恐慌（不能確定新的穩定是好還是壞）、痛苦（預期自己的生存能力低、穩定狀態變差）和興奮（預期自己有更好的穩定狀態）的反應。

人們如果沒有發現特別的意義與必要性是不會去改變其穩定的習慣和現狀的，因為這不僅要消耗人的能量，還有不確定性風險，即可能將自己的生活穩定狀態降低到更低與更差，除非是不得已或者具有特別重大的意義而認為改變是必要的。

於是我們不難理解當人們的追求獲得成功、工作受到表揚、思考有了結果時，人們的情緒化反應就是積極的，人的心理與生活也會變得更穩定和健康。而人們在面對失敗、受到他人攻擊時，人的情緒化反應就是消極與恐慌，因這意味著人的生活與生理的穩定狀態變得更差了。

有學者通過研究發現，在出現較少或者較小的錯誤時，人們能做出平靜與理智的反應，如把失敗作為有用的經驗，或者促使人們更熱情地工作，這就是心理穩定下的正常行為調整與對生活的正常反應，是人們在一種穩定狀態下能很好應對環境變化的表現，這也就是失敗的刺激小於人的承受力的情形。

但如果錯誤較大而給自己帶來較大的損失，或者過多與太頻繁地失敗，其積蓄的負面情緒就會太大而難以控制，人的神經細胞就會變得消極並忘記正確的行為，於是效率低下，錯誤一個接一個，這就是變異了，即一種正常的生理狀態被打破時的不確定性與危險感導致了人的恐慌表現，其新的穩定狀態就是人們變得膽小怕事、無所作為，此時人的生存能力與生理機能變差，穩定性也就不如從前了。

或者，當人們在重大挫折面前能意識到生活的艱辛、自己因此成熟起來並能很快把自己的潛能調動起來去戰勝困難，這就是好的變異了。

於是我們在衡量一個人、一個社會的好壞時就應有兩個指標，即幸福與穩定；其中幸福是人們對生活的表面反應，而穩定才是生活的質量體現。因而儘管一個人生活幸福，但容易受到環境變化的不確定性影響，即穩定性

差,其生活就不是完美的生活。

生活中人的承受力是時常在變化的,這可能是積極的,即安全與穩定性得到提高,也可能相反,這就需要我們有目的地加以改變。

對於人的生理來說,其承受力主要由其生理機能決定,改變的機會與可能性較小,但仍可通過努力得到一定改善而有利於穩定性提高,如通過醫學技術、合理飲食與長期鍛煉等提高人體素質與免疫力等。

而對於人的心理穩定性來說,其似乎要複雜而有意義得多,因決定與影響其承受力的不僅有相對穩定的生理因素,而且有可塑性強的性格特徵與思想,還有隨時變化的知識與環境因素,這為我們提供了豐富的想像與探索空間。

我們總結出能影響生活與變異的幾種基本方法:一是改變承受力法;二是平淡法;三是轉移法;四是刺激法。

所謂「改變承受力法」,就是改變人們對事物刺激的承受力,使其不好的、與我們需要不相符的變異不容易發生;或者相反,使得好的、符合我們需要的變異容易產生。

當我們感覺到他人有不好變異發生的可能時,就需要提高其承受力,如提高其心理素質與知識水平,使其在面對生活時變得更成熟與穩定,或者給予警示,使其對壞的結果產生預期而注意防範。如爭吵時提醒其注意文明與關係惡化的后果。

常言道:「學好三年,學壞三天。」這是在提醒人們變壞很容易,從而要注意不好的環境與思想影響,這樣你就無意中提高了警戒與對不良生活影響的承受力,於是當有人鼓動你為吃喝玩樂而去偷去搶時,你就會有意識地控制自己,不為所動。

或者相反,讓人們認識到改變的意義而減小其心理的穩定性以增加其向好的變異可能,如對道德意義的理解而增加對道德行為的敏感性,對學習的重要性認識而改變貪玩的慣性。

然而,生活是複雜的,有時人們出於良好的願望卻做出不好的、對他人有害的行為。

如有一學生具有考上一流大學的條件，他也有這樣的想法。但在競爭激烈，以好成績、考取名校來看待一學生是否成功的時代，老師忽視了學生的思想與品格教育，家長總是不厭其煩地談成績與名校而對其他生活一概反對，這讓該學生感到特別大的壓力而發生負面的情緒化反應與行為變異，即正常的學習狀態被打破后表現出對學習較差的適應能力，並不與家人交流，甚至不願參加考試。

造成這種與人願望相反的變異原因就在於學生對學習的承受力下降。因在正常情況下學生對學習的承受力取決於其對學習的理解和興趣、健康的情感生活，其中對學習的理解與興趣主要由自己決定，而健康的情感生活是多方面的，如娛樂、與同學交往、親情等。

於是，當健康的情感生活得到滿足，其心理就會變得穩定些，對學習的承受力就較大，反之較小。或者當家長與老師讓其認識成長的曲折與艱辛，讓其理解自己的潛力與更多的學習意義而獲得更多的樂趣，則學生對學習的承受力就會增加，從而能更多地承受學習壓力，並可能產生好的、更積極的變異。

但是，當教師與家長對學習的強調已無新意，對其正常的娛樂與情感生活表現出不理解，就會導致學生學習的承受力下降，以致產生情感波動和相反的變異。

當然，如果學生有較大的學習潛力而不能很好地控制自己，如比較貪玩，則我們有必要更多地激勵其學習，甚至增加壓力讓其產生好的變異。

遺憾的是，許多家長本身的知識與認識能力有限，而對學生的學習又特別重視與敏感，並以極端的措施，如家長在學生產生不好的情緒化反應後把學生關在小屋，以不允許吃飯來威脅等，這就可能進一步刺激學生的不良情緒化反應而產生永久的壞變異。

由於變異是因事物刺激而產生，所以我們可通過減少事物的刺激程度來控制人的變異。

這可能有些讓人不理解，因為在他們看來事物對人的刺激是由本身的意義決定的。其實不然，許多情況下一事物對人的刺激程度還取決於人的態

度，從而可以通過我們的努力來改變一個人對事物的反應程度。

「平淡法」就是在他人可能出現永久變異之前讓其感受到這種刺激是司空見慣的，或者認識到這種變化與刺激是正常的，盡量使事物變得平淡而減少人們所受刺激的程度，其心理的緊張與壓力就會減少而恢復平靜，人的生理與心理穩定狀態就不容易被打破，不好的變異也就因此化解。

如當一個人受到傷害而深陷情緒化的痛苦時，我們可讓其認識到人人都會有失敗與成功，受到傷害也難免，或者講述其他更嚴重的受傷害事例，讓其感到他受到的挫折與打擊並不是太壞，這就讓人能平淡地對待該事物而不至於受到太大刺激，特別是在一個人受到持續傷害時，我們的幫助與態度就顯得很重要。

或者相反，我們也可讓人們感到事物不平淡而增加變異的可能和機會。如一次平常的獎勵與懲罰，我們可誇大其意義，讓人們產生積極的態度，實現生活有意義的改變。

或者，還可用「轉移法」對變異產生影響，即當一個人深陷於持續的負面情緒化感受中，為了不至於產生壞的、持續的變異，我們就可用有意義與更刺激的事物來使人們產生感受轉移，即與前兩者不同的是用新的事物刺激來轉移人的感受以阻止不好的變異發生，或者產生新的變異以迴歸正常。

如地震受災兒童在失去親人的持續痛苦中很難恢復過來，並可能產生嚴重的心理障礙，這時我們就可採用感受轉移法，即讓他們做其平時想做而做不到的事，跟自己喜歡的明星見面，到新的、優越的環境去生活與學習等。

另外，即使人的行為發生了壞的變異，也能通過轉移法來重新改變，即使這時的改變更困難。

最新的研究認為，記憶就像是放在書架上的獨立文件，每次把它們取下來打開看時，都可以在放回書架之前對它們進行修改，這種經歷導致的神經聯繫就會發生改變。

如汽車發生爆炸可能使得一個士兵緊張與恐懼，因為巨大的聲音在他的記憶中是與戰鬥聯繫在一起的。但是，當生活中反覆出現非恐懼性的事物聯繫，如在發生汽車爆炸時注意提醒他感受真實的環境，這種記憶與神經細胞

連接就會得到修正,從而聽到汽車爆炸聲音時不再感到恐懼。

最后是「刺激法」,就是在人們處於持續的不良狀態與發生壞的變異後,讓其受到某種強烈的刺激而產生新的變異從而改變現狀。

刺激法與轉移法看似相同,但有實質的區別。

首先,轉移法主要針對的是人們處於變異過程中新的穩定狀態還沒產生的情形,這時其改變相對容易。而刺激法針對的不僅是正在變異的,也可能是變異后比較穩定的情形。

其次,轉移法具有很強的目的性與可控性,且常常是良好的刺激與變異,而刺激法的使用效果卻常常是無法預知的,即通常只管去刺激,至於會怎樣也不能很好把握,有「死馬當活馬醫」之意,但意義在於人們「在很壞情況下的改變常常是好的」,且這種刺激相對容易、簡單。

如對於一個始終不能醒悟、沉溺於不良習慣的人,在我們用盡各種良好的手段都無效果時,就可以用極端的放任自流方式或者用極端的語言與懲罰來刺激他,至於結果如何就只能聽天由命,也許能有好的結果,也可能變得更壞,但變好更有可能,因為已經夠壞了。

或者當小孩總有太多的不合理要求時我們故意不予理睬,讓其不滿情緒得不到發泄而產生變異,當然在這種情況下所產生的變異有可能是好的,如小孩不再有不合理要求了,也可能變得更壞,如不與大人講話和溝通,但變好更有可能,因為已經夠壞了。

在改變一個人的生活時,有一個殘酷和近似迫害的刺激法,即將一個人、一群人封閉起來,並進行強化訓練的「洗腦」。這種刺激法雖然簡單,但變異也具有很強的不確定性,如可能使一個人變得更具反抗性,或者導致精神失常。

實際上一個人的心理活動是很複雜的,其在意什麼、當時在意什麼以及受到刺激后如何反應、反應到什麼程度等我們是很難把握的,因而刺激法即有「死馬當活馬醫」之意,也有因思考與選擇的代價太大而產生的近似無賴的行為。

當然,對於行為變異,我們還有其他一些手段或者輔助方法對此進行干

預，如通過藥物治療，或者在發現一個人遇到不幸時，為了讓其盡快恢復平靜和正常的生活，我們也可用「發泄法」，就是提供一種能使其發泄的環境。但人的發泄是很容易實現的，如果人們太過看重它，並作為一種減少人痛苦與影響他人的手段，那就太簡單而膚淺了。

然而，手段的選擇取決於不同的情況，因而如何判斷一個人的情緒反應的性質與變異過程中的不同狀態就是一個很重要的問題。

在人的心理治療中，人們很容易犯這樣一個錯誤，就是不能區別對待不同的情緒化心理狀態。

如當某人失去親人而痛苦時，我們僅主觀地認為他這樣下去很危險而不斷地刺激他就可能適得其反，因為此時他的情感很脆弱，有可能出現意想不到的變異。

而當他們本身希望從不幸中恢復過來，也能通過自我轉移感受來擺脫其恐懼與痛苦的陰影，這種情況下我們若用平淡法去讓他們回憶與再次感受相關環境就只會增加他們的不安，甚至還可能會恢復其痛苦情緒，而在他們因受到過度驚嚇而需要採用平淡法時，你卻過早地去轉移感受，也是很不合理的。

然而，不管什麼情況，最終都需要給他們創造重新生活的機會與條件，只是要注意時機與方式的選擇。

第六節　干擾論

我們習慣於生活在傳統與經驗中，同時又有改變的熱情與衝動，因而我們時常會產生這樣的疑問：我們有必要改變嗎？他人的干涉我們該接受嗎？

改變是痛苦的，但新的生活常常更美好。

人的行為總是相互影響的，且這種影響又可分為思想影響與印象影響。思想影響就是通過改變人的認識來影響其行為，如他人在思考時你把自己的

想法與理解講出來，或者通過教育、交流與爭論使他人的認識發生變化等，而印象影響就是通過加深人們對一事物與行為的印象來影響其行為，如示範與反覆宣傳等。

當然印象影響與思想影響常常是同時進行的，如大家在工作時你去休息，這不僅給人形成休息的印象影響，同時也在提示他人應該休息了的思想影響；選舉前公布民意調查某人會當選，這不僅給人某人會當選的印象影響，同時也給人一種思想影響，即好像別人都是這樣認為的，是正確的選擇，而你也應該如此選擇。

然而，思想影響是抽象的，常常需要被改變者的意志與努力才能取得效果，而印象影響因產生於感官與本能而顯得比較容易，且人的大腦工作能力與時間有限，於是在決定做什麼、不做什麼與做多少時人們就更趨向於受印象深的事物影響，從而印象影響往往更普遍，也更有效。

於是當我們發現他人選擇或趨向於某種生活方式時往往會產生同感和相同選擇的衝動，而不去理解為什麼、有多大意義與有無必要等。

我們又把人們生活間的相互影響分為有意識影響與無意識影響兩種。人們通過一定手段，如言行等對他人施加影響，即有意識地干擾，其目的是使他人的行為變得合理或滿足自己的需要，但是這種干擾常常需要干擾者付出代價。

廣告宣傳是一種典型的有意識干擾，即通過增加大眾對產品的感受來影響其行為。廣告宣傳通過真實與科學的介紹來影響人的行為時就是思想干擾，而當廣告宣傳通過不斷重複的宣傳來影響人的行為時就是印象干擾。由於印象干擾更容易，這就造成了廣告宣傳常常採用生動優美的畫面、奇特的語言，不斷重複其品牌等給人更大刺激與更多感受機會以增加其印象影響。

生活需要干擾，因為對於一些有意義的、重要的生活如果我們不去創造一個讓他人感受的機會與條件，那麼他就很難感受到，其生活就會因此失去相應的意義。

當然，有意識干擾也可能是帶欺騙性的、非理性的，其目的僅僅是使他人的行為符合自身利益需要。如製造排隊購買某種商品的假象，好像這種商

品物美價廉；他人在思考時把自己不成熟、自私的想法很認真地講出來，好像經過自己認真思考、很客觀公正一樣；本來是一個無意義的甚至錯誤的思想，卻以權威、科學的形式發表出來等。這就需要人們成熟起來，保持警惕，並加強道德約束與社會監督。

生活的選擇只有一種，且這種生活可能完全不適合你，至少不是最適合你的，只是因你最先感受到或印象深刻而習以為常而已，何況人的感情、知識與環境在變，因而人們在多數情況下沒有必要拒絕新的生活嘗試，固執與排外常常是幼稚與愚蠢的表現。

從理論上講，印象是感受的結果，即感受必然導致人們對事物印象的形成與增加，反過來說該事物印象的形成與增加又會導致該事物對人的更大影響，這就形成了感受選擇與印象的循環：生活中人們總是選擇印象深的事物，而結果是人們對該事物的印象進一步加深，生活受其影響也就更大，並如此循環。

因而我們生活中的許多堅持與固執，常常不是因為其重要與正確，而是我們深陷於狹隘的情感與思想中，改變就顯得很有必要。

生活中人們最容易感受以及印象深的是自身生活的環境和經驗，且時間越長這種對環境與經驗的依賴越強。因而我們也就不難理解，人人都在一定程度上生活在自己的有限經驗與所處的狹隘環境中，並因把自己的生活與情感看得過於重要而出現交流和交往的困難，產生矛盾與衝突也就難以避免，在生活的社會化與全球化的今天，如果我們仍局限於狹隘的情感與特定的生活方式就顯得有些可悲。

生活是對環境的適應，因而不同的生活環境形成不同的經驗與文化是必然的，也是必要的，但改變與發展也是我們需要的。

其實我們的生活一直在改變，只是在習慣與改變之間應有一個合理的要求，但這個要求又受到人們的態度和思想的影響。顯然當我們對生活的改變太過盲目與衝動，我們就會感覺到難以適從與恐懼，失誤與失敗就會增加而得不償失，如對外來生活與思想完全照搬而對傳統和經驗全面排斥導致的混亂。但人們沉迷於自己的經驗與傳統而對新事物和外來思想一概抵制，這也

是錯誤的，這時的經驗與傳統已經失去了它的積極意義而成為生活的負擔和發展的障礙。

極端的情況是人們生活在一種自以為是的狂熱宗教信仰與革命情緒中而把外來文化視為威脅，或者拒絕交流與幫助，這就是可悲的，也是現代文明難以接受的。

生活是發展變化的。在信息與技術、人的情感思想和知識高度發展的今天，社會對個人、世界對各個國家與民族的生活要求越來越多，也越來越高，因而生活中的干擾也就會越來越多。

當一個人、一個群體的生活很不理性，如保守、偏執與危險好鬥時，我們就有必要讓其改變，即有意識地干擾其生活。

有意識的干擾又可分為強制干擾與非強制干擾兩種。強制干擾就是通過威脅與懲罰等手段，讓他人在壓力與痛苦中被迫改變；非強制干擾是指人們在平等友好的交流、交往中受到影響而自覺改變的情形，且不同的生活所需採取的干擾形式不同。

首先，許多美好的能滿足自己需要的生活是人們容易也是人們願意接受的，如能提高效率的生產與減少痛苦的醫療技術或者令人愉悅的生活等，只要能給人提供一個接觸、感知的機會，自然就會成為其生活的選擇。

其次，一些具有深刻、長遠意義的生活需要人們艱辛的理解與痛苦的自我否定才能形成，這時我們就有必要創造條件和機會，如讓人們到異地與特別的環境中去感受，或者通過有組織的學習與相應的援助等。

像健康的生活習慣、科學的成長方式、先進的管理方法等，不僅需要人們學習理解，還需要改變一些自以為是的習慣，更重要的是還有人因此失去利益，因而如果沒有壓力與鬥爭，人們是很難做出改變的。

我們強調「軟文化」的生活影響，就是讓人們在平等與友好的交往中改變在特定環境中形成的狹隘生活，減少傳統與特定經驗對發展的約束，實現生活的非強制「干擾」。

強制干擾是一種針對少數人和特別群體在極端的情況所採取的干擾形式，不僅代價大，風險也大。

第二章　生活是一種感受的過程

當我們沒有能力與條件去強行改變他人落後和危險的生活方式時也應耐心地等待，友好交往，絕不能激起其情緒化、更壞的變異后又無能為力，這就是非常壞的強制干擾了。

顯然，這種有意識干擾與改變不是要人們放棄傳統和經驗，而是要人們更人性、更具有發展與開放的態度去對待傳統和接受日益文明的生活，以使不同的人、不同的民族與國家能和諧共處，在相互學習與友好往來中接受先進的生活方式並共創美好的未來。

實際上文化只要能給生活帶來享受與激情就會被大家喜愛，並自然演變成現代生活的內容。

如西方平安夜與狂歡節對我們的影響，在於其體現了人性化的生活要求，即在繁忙的生活中需要平靜思考，人際關係淡化時需要美好的祝願來喚醒道德與親情，人們在面對壓力與煩惱的情況下需要自我釋放，這自然使得其容易被我們尤其是年輕人接受。

因而對待他人的影響與外來文化的干擾，我們不能盲目地排斥，將其視為對自我生活與權力的「干涉」，而應該理性對待、反思自己。

當對他人的生活進行干擾，即以代價付出來增加其某種感受，其感受印象的增加量是遠大於相應的代價付出量的，或者說增加感受印象所付出的代價遠小於減少感受印象所付出的代價，這是一個不可逆轉的、有意義的感受規律，這也是干擾的理論依據。

如有百事可樂和可口可樂兩種飲料，在人們不知道喝什麼的情況下如果廠家以贈送的形式讓人先喝一瓶可口可樂，則其形成相應的生活印象與習慣就有利於該商品成為他以後的選擇對象。

而在他形成可口可樂消費習慣與生理適應後，要其選擇百事可樂而放棄可口可樂就很難了，可能需要廠家以多倍的贈送來使人們選擇陌生的百事可樂而不是有經驗印象的可口可樂，其代價會明顯增加。

又如小孩與一群「壞人」在一起，整天不學習，到處惹是生非，如果我們順其自然，顯然他會在壞的道路上越走越遠，其實是改變的代價越來越大。這時我們就需要盡早付出代價來改變其生活習慣，如嚴格的教育，在新

的學習環境去重新培養其好的生活習慣、重建有意義的生活興趣等，由此打破原有的惡性生活循環，顯然這種干擾的代價付出是值得的。

這就是說，為了改變人的習慣與行為方式，我們有必要付出相應的代價與努力來干擾其生活。

相反，如果認為自己的生活選擇是正確的，就有必要提高自己抗干擾的能力，即增加自己的生活熱情和信念來抵抗外來不良影響。

或者，當我們意識到有更美好的生活可選擇，或者自己有不良的習慣或處於自我傷害的情緒中，就應主動地、積極地去嘗試改變，實施艱辛的自我干擾，以實現生活的改變。

如當發現衝動的性格不時給自己帶來傷害時，就要在情緒發作時進行自我控制，像做深呼吸、用某種事物與聯想來警示自己等。

英國著名作家塞爾瑪在成名前曾陪伴丈夫住在一個沙漠的軍事基地，常常一個人待在基地的小鐵皮房子裡，沙漠裡的天氣熱得受不了，加上遠離親人，身邊只有語言不通的墨西哥人和印第安人，她難過得想離開。

然而她最終選擇與當地人交朋友，而他們的友好反應讓她驚訝，於是她對他們的紡織、陶器表示出興趣，而他們就把自己最喜歡的又捨不得賣給觀光客人的紡織品和陶器送給她。

同時，塞爾瑪研究了那些引人入勝的仙人掌和各種沙漠植物，觀看沙漠日落、尋找海螺殼等，原來讓人難以忍受的環境變成了令人興奮、流連忘返的奇景與現實。

這樣，作家塞爾瑪得到了幸福，而其幸福的獲得源於在新的環境中找到了樂趣與意義，實現了自我「干擾」與生活重建。

顯然，若她放棄不下原有的經驗與習慣，總想回到過去，就可能失去非常有意義的生活和幸福的機會。於是控制好自己的情感，從傳統生活中走出來，強迫自己關注現實，走進她不熟悉和陌生的生活，克服一系列障礙，如語言與氣候的不適應等就是在實現艱辛的自我干擾。

生活時常需要改變，這樣人們才能獲得更多的享受與意義。變化意味著機遇，我們為什麼卻感到苦惱呢？其原因就在於我們太注重自己眼前的得

失、難以改變原有的習慣、難以擺脫經驗的印象影響而把自己封閉在特定的生活狀態中,這是非常令人遺憾的。

在生活現代化與全球化的今天,我們是不是應該以一種積極和樂觀的態度去適應呢?是否應該更多地審視自己的習慣與文化的合理性?是否要更加熱情地培養自己良好的生活習慣和開放的態度?

改變是痛苦的,但我們會發現新的生活要美好得多。

第七節　從生存經濟、計劃經濟到感受經濟

今天,我們進入了以個性與享受過程為特點的感受經濟時代,它有別於追求效率與結果的傳統經濟,其社會發展歷程體現為三個階段:生存經濟階段、計劃經濟階段與感受經濟階段。

生活是人的需要獲得滿足與發展的過程,而人的需要首先是生存需要,且在相當長時間裡,人類生活主要以生存為目的,我們稱之為生存經濟。

生活是在發展的,由於人體可消化的食物、日常所需的物品很有限,人們在這些基本的生存需要得到滿足後,必然產生新的、更高的追求,於是開始了以「耐用品」為特點的生活時代,這種以「耐用品」為特點的生活不僅是指大件的物品增多,也包括土地的擴大與財物的累積等數量上的追求,還有個人地位增強與家庭和國家的繁榮等形式上的追求,我們稱之為計劃經濟。

計劃經濟也即傳統經濟,它以穩定和富足為目的,生活表現出固定與重複的特點,並強調原則、效率與權威。

在計劃經濟中,雖然生活取得了進步,但仍存在一些不確定性與危機因素,如自然災害與流行疾病的發生、國家與不同文化的衝突等威脅著人的生存、危害著人類生活,於是為了穩定與富足人們就必須遵守一定的基本原則。

所謂原則，即生活的基本要求與行為準則，它首先是指生存的保證，如吃穿的滿足、家庭的供養等。其次是社會責任感，如集體意識與付出意識等，以及由此構成的經驗與文化習慣，如勤勞節約與尊老愛幼習慣、服從與崇尚英雄的精神等。

所謂效率，即在計劃經濟中人們總希望以最少的時間和代價來實現更多的產出，於是艱苦奮鬥、以最少的投入和時間來實現更多的財富和發展等就成為人們的生活理念。

由於計劃經濟具有很強的重複性與可預期性，因而人們要實現什麼、如何實現等都可以事先做好安排和規劃，這時工作的經驗與生活的原則就很重要，因而具有經驗的長者與制定規則的權威受到人們的尊敬也就是一種必然。

同時，人們對自然災害與外敵的恐懼，加上生活中對一些糾紛進行有效的處理，由此形成了重視傳統、尊重長者與順從權威的生活觀。

因此，為了遵循原則與傳統，服從長者與權威，人們在生活中就要不斷計劃自己該做什麼、不能做什麼、如何做等，認為對的事要不厭其煩地做，錯的事怎麼樣也不能做。

於是人們上班是為了自己與家人有吃有穿，力爭過上穩定富足的生活；人們上街是為了買回早就計劃好了的生活用品；對外則表現出強烈的集體意識與愛國熱情等。這些都是計劃經濟的生活表現。

同吃穿要受人體生理能力限制一樣，耐用品的發展也會受到時間、特定的人員和環境條件的約束，即發展這種特定的耐用品仍有瓶頸。

更重要的是，隨著這種數量化的耐用品有限資源的獲得變得日益困難，即競爭與壓力越來越大，人們開始厭倦這種重複與形式化的東西，於是尋找各自不同的生活，珍惜生活中的每時每刻。

這時，人類進入以個性與靈活性為特點的感受經濟時期，此時不再強調結果與形式，而是享受過程以及體驗當時的環境，即它打破了傳統生活所受到的限制，也擺脫了耐用品發展所受到的時間、環境條件及特定人員關係的制約。

第二章　生活是一種感受的過程

如人們充饑時可隨意聽聽音樂、聊聊天，而聽音樂與聊天時也可充饑，同時聊天對象也靈活多變，如不再依賴固定的親人與朋友，而是性格與愛好相同的人，且隨通信技術的發展可在更大範圍內進行交流與交往。

感受經濟表現為人的生活更多地受當時不斷變化的環境的影響，其特點是強調生活的個性與隨意性。此時，人們似乎厭倦了固定與重複的生活，也厭倦了財富累積帶給人的持續壓力等，開始熱心於自由與放任時的情感，注重生活的過程並享受當時的環境，這與過去所謂「情感必須服從理性、生活要講原則」的傳統明顯不同。

於是人們可以不上班，也可以不回家，只要自己一時興起與需要就可以調整一下自己的生活；人們上餐館吃飯，首先考慮的不是充饑，而是體驗味道，感受環境和服務態度以及朋友間更好交流；找對象時人們不再是為了傳宗接代與父母意志，而是為了享受愛的過程，因而有感覺就來往，沒感覺就分手；人們上街，並沒有事先考慮做什麼，而是在街上找感覺，因而遇上自己喜歡的，可隨意購買，即使物品可能沒有機會使用；文字與語言也可以不講規範與完整，而是簡潔與隨意，只要人們能感受到特定的意義、體會到某種意境等。

這樣我們就不難理解在計劃經濟中，工作是為了收入與今後的生活安排，而在感受經濟中，工作是一種享受與參與；以前佔有財富、累積財富才是生活，而現在創造財富的過程與共享財富就是美好的生活；對待落後的民族與國家不再是掠奪和排斥，而是文化多樣性欣賞與人道援助；在生活中我們也沒有特定的敵人與朋友，而是友好往來、平等互利。

在計劃經濟中，人們的生活是以財富多少為目標，而財富很容易比較、也需要比較來確定自己的成功與得失，因而一個人的幸福常常建立在他人的痛苦之上，並因此損人利己，這樣人們的幸福感是逐漸減少的，從而決定了計劃經濟中人們的生活效率與幸福感的低下；而在感受經濟中，由於人們分享財富、共享生活，這時人們的幸福感是疊加的，這有利於人們和諧共處，從而也就提高了生活的效率與幸福感。

因而在感受經濟生活中人們仍熱衷於個人消費與財富佔有就顯得愚蠢

了，此時財富與耐用品佔有給人帶來的可能不是享受與激情，而是孤獨、壓力與痛苦。

傳統經濟強調的是穩定、效率與發展，而感受經濟強調的是創新、個性和生活的過程；傳統經濟強調的是權力、秩序與服從，而感受經濟強調的是平等、自由與個人權力。

因此，像物質生活，以往人們注重的是生產的效率和產品的消費，而現在強調的是交流與互享，注重的是創造過程的美好。

生活是一種感受，它產生於人的感官與理解，其中理解是抽象的，需要人的較強意志，而這種意志在傳統生活中確實不值得一提。但現在由於生活及人的情感變得豐富，人們就容易受到環境的影響，意志的產生就更難。

同時，由於生活中已沒有特別重要的原則需要遵守，可供人們選擇的生活又太豐富，且人們在選擇時還可能會產生各種負面的比較情緒，故在許多情況下人們思考與選擇的必要性就不大，於是人們開始跟著感覺走的感受經濟形成就成為必然。

隨著社會的發展人們在獲得更多享受的同時也變得「懶惰」了，因而儘管感官感受的意義不大，人們也會深受其影響，這也是人們容易受到廣告宣傳與明星生活影響的原因。

一旦人們確定生活的目的是享受，這時對享受的激情就不僅難以控制，也不願控制，因而在生活中開始追逐時尚、崇尚明星就是人們注重對當時享受的表現。

感受經濟也並不是說人們在生活中不需要思考與追求了，而是可思考與可追求的生活少了，隨心所欲的生活機會多了，行為變得單純了。這好像人的行為又變得盲目與衝動而無效率和意義了。其實不然，人的生活變得更有效率和有激情了，相反，我們認為許多傳統與形式上的思考是不必要的，追求是無意義的，而對過程的忽視是難以讓人接受的、是愚蠢的。

當然，感受經濟也不是一種現在才有的生活形式。在生存經濟中，生存是重要而艱辛的，並佔據了人的大部分時間與情感，此時的享受是不需要刻意追求的休閒而已，如平淡的閒聊、簡單的遊戲等就是很好的享受了。

第二章　生活是一種感受的過程

這就是說，在落后與效率低下時人們為了必需的生活滿足，可能付出很多時間與精力，制定各種必要的有形與無形原則和要求來約束自己，自然情感由此不能得到自由表達與發展。

當吃穿住等這些必需的生活得到滿足，而嚴重的疾病、自然災害與內憂外患等危機也基本消除后，傳統的生活觀念不可避免地瓦解，社會發展也就進入一種以追求個性和享受過程為特徵的、充滿激情的感受經濟時代。

現在，一個企業、團隊，如果沒有感受經濟新思想，不求創新、不尊重個性而仍強調服從和個人意志，就可能失去凝聚力和發展的潛力，並因此失去生存基礎。

人們總是習慣於根據原有的知識來解釋生活，偏好形式化地分析人的行為應該怎樣，而不是去思考現實生活怎樣。如果我們的學者、專家不注重從現實生活出發，只在乎教條、習慣於模式化思維和形式化分析，真實的生活理論就無法產生與發展。

長期以來，人們都生活在計劃經濟的思想與習慣中，注重物質生活而很少關注決定物質生活中人的思想感情與個性生活，於是形成了形式上的生活追求與人性的衝突、理論與現實的矛盾，如經濟學朝著思想簡單、形式上複雜的數學化方向發展，而實際生活卻並不按經濟學家的意志發展而產生各種矛盾與危機。

那種以固定的、重複性計劃經濟生活推導出來的市場經濟學顯然是片面的、是不能適應現實的，因為人的市場行為從來就不是單純意義的、按產品的使用價值與成本來生產、交換和消費的，而是人的各種思想與感情的綜合表現。

第三章　比較是普遍的心理規律

在這充滿個性與變化的社會，人們很容易接受一些似是而非的知識，並很快形成自己的思想進而產生衝動。但如果我們細心觀察與深入思考，就會發現問題的複雜性，行為也變理性了。

第一節　比較的普遍性

生活中人們喜歡送禮，由於禮品的意義不僅是禮品本身，還有送禮者的態度理解，這就需要進行比較並產生了比較標準。

假如禮品是價格一樣的毛巾與被套，其中毛巾在同類產品中是最貴的，而被套就遠不是這樣。於是對毛巾所產生的比較主要發生在與更差的毛巾之間，從而對禮品毛巾與送毛巾者更多地感到滿意，而對被套和送被套者就不是這樣滿意了。

一個麵包對人的作用有多大？從麵包本身看無疑很大，因為它能為人們提供寶貴的營養與能量。但人們卻沒有這麼好的感覺。道理很簡單，如果食物很充足，即使沒有該麵包，人們仍可充饑、獲取營養，且如果有更好的食物可供選擇，人們還會因用麵包充饑而感到痛苦，其原因就在於人們有比較心理。

生活充滿了比較。

首先，生活中總是存在選擇，而選擇就是比較的結果。如今天去聚會、工作還是在家休息，這就要通過比較看誰的意義大就選擇誰。

第三章　比較是普遍的心理規律

其次，對事物的認識需要比較。事物的意義常常不是以其本身的內容來決定，而更多的是聯想與比較，因為許多事物及其意義很難從其本身認識清楚，同時又不可能不受其他事物的聯想比較與影響，且以比較來認識就簡單得多，也現實得多。

如今天老板把我的收入提高了10%，我當然會因此而高興，但我也想知道為什麼收入會增加、增加的意義有多大。這時就需要聯想他人的收入情況來比較了，並據此做出反應。

於是，當發現大家的收入都增加了10%，自己收入增加的意義就僅僅是其本身，即可多消費；而當發現自己收入增加得比別人多，或者別人沒有增加，其意義就還有老板對自己的重視等，這樣自己的工作熱情就會增強。反之，當發現別人收入增加得比自己多，則收入增加的意義明顯減少，並會考慮是否值得繼續工作下去，這時收入增加給人帶來的可能不是幸福，而是痛苦。

生活是一種感受，聯想是這種感受的特點。因而一事物的意義不完全由其內容來確定，還受各種相關事物聯想與比較的影響，但我們時常感覺到聯想與比較的影響更重要。如上例中，我們為收入增長所做出的反應不是收入本身，而是隱藏在其中的更多意義，即通過比較認識自己的地位與發展預期比收入本身重要得多。

動物也有比較行為。人們做過實驗，讓兩只猴子吃它們不太喜歡的食物，然后讓其中一只吃它喜歡吃的食物，這時另一只猴子就會不高興，且拒絕吃較差的食物。

這就像一個人發現他人不比自己努力卻獲得更高的薪水而影響其工作積極性一樣，只是動物僅僅受當時直觀的相同性比較影響，而人類除了直觀的感官比較外，還會做出普遍性與抽象性的比較，從而人的行為受比較影響的機會與程度很大。

最后，意識的產生也是比較的結果，即給人大腦刺激的變化與不同是與相對重複、習慣和普遍性標準比較而言的。

如在寒冷的冬天下雪是一件很平常的事，但今年發生在較溫和的季節

裡，這時人們就會產生興趣並予以關注，而這種興趣與關注顯然不是因為下雪本身，而是因為下雪的時間與往年比較有所不同，並促使人們去思考其意義及做出反應。

生活中我們會對殘疾人給予同情，而實際上殘疾人常常比我們想像的要樂觀與幸福，其原因在於我們太習慣於正常的生活，於是看見殘疾人就會形成特別的刺激與比較而產生負面情緒。而對於殘疾人來說，他們因習慣了殘疾的現狀，也習慣了面對太多的正常人和正常的生活情況，這讓他們失去了感受刺激與痛苦的比較意識。

任何事物都有其特定的存在與表現形式，新事物總是與普遍情況和習慣比較而顯出不同，或者說變化總是相對於重複和普遍性標準而言的，沒有這種相同性比較就沒有不同，而沒有不同與變化，人的大腦神經就不會受到刺激而形成意識與思想，這顯示出比較還是人類的一種生物性本能。

因此，事物的形成、意義的理解與行為的選擇都是比較的結果，這就形成了比較的普遍性。

事物的存在總是相對的，如樂與悲、好與壞、實與虛、真與假、有與無、動與靜等，以相對性比較來看待世界就是合理的。

生活也就是這樣的過程：人們首先是受變化與不同刺激而形成感受，然後以相同性比較來確定其意義，再比較意義的大小來選擇行為。

如我們看見衣服漂亮就是與太多平淡的衣服比較所產生的不同刺激的結果。此時，我們以相同衣服的價格、品質與樣式做比較來尋找其意義，最後綜合生活情況來確定是否購買。

當然，實際情況會複雜得多，如感受的產生、意義的確定與事物的選擇可能同時進行，難以區分，如選擇中也有新的意識產生與意義的比較，反之亦然，即「你中有我，我中有你」。

不過，在以上三種情形的比較中，選擇與意識的產生，尤其是感官感受的形成是相對簡單和容易的，人們常常以本能的感覺來完成。如人們受到環境刺激時，自然為給人最大刺激的物質所吸引，而選擇最好也是一種本能，因而比較主要產生於對抽象事物的感受及間接意義的聯想中。

第三章　比較是普遍的心理規律

我們知道，事物意義不僅由其本身的內容與結構決定，也受相應聯想的影響，因人的某種感受神經一旦被某事物激活，相同的感受就容易產生，這就導致了相同與相關性的事物容易被聯想而對該事物的認識產生影響，且其相同程度越大，其聯想與比較越容易，其對被比較事物的影響也越大。

比如，人們在充饑時，相同食物和相關充饑的記憶神經就容易被激活而產生聯想，並通過比較對充饑與充饑食物的意義產生影響，且當這種相似性越強，其聯想與比較自然越容易。

生活中人們喜歡送禮。由於禮品的意義不僅在於其本身，還在於送禮者的態度等聯想，這就需要比較並有比較標準了。

假如禮品是價格相同的毛巾與被套，其中毛巾在同類產品中是最貴的，而被套就遠不是這樣，於是對毛巾所產生的聯想與比較主要發生在與更差的毛巾之間，從而對禮品與送禮者更多地感到滿意。

而被套就不是這樣，因為被套在同類產品中遠不是最好的，其聯想與比較不僅發生在與更差的產品之間，也發生在與更好的產品之間，從而對被套的不滿意更容易產生，送禮者的誠意會受到懷疑，最終送禮的意義就會大打折扣。這就是說，禮品要盡量做到同類最好與新穎（相同性少）而得到好的比較影響，避免不利的比較影響。

比較是否容易進行，還取決於人們對比較事物的印象，且比較事物給人的印象越深，人們相應的感受神經就越活躍，或者越容易活躍，其聯想與比較也就越容易，對被比較事物的影響也就越大；反之越困難。

假如收禮者對更差的被套印象深，如自己用的被套就不好，或者對更好的被套印象不深，如僅僅偶然聽說過好像有更好的被套等，則對送禮者來說是有利的，因其比較更多地發生在與更差的被套上，其禮品的作用與意義增加。

相反，若收禮者對更好的被套印象深，如常見他人使用，或者自己正在使用，則對被套就會產生不利與嚴重不利的比較影響。或者同時有人送更好的被套，則不利比較就更多發生，送較差被套者的尷尬狀態可想而知。

而對於經驗比較來說，由於是過去的經歷，自然存在經歷時間長短所決

定的印象大小,且當經歷不久、經驗產生時的感受印象深,則經驗對生活的影響就大,即聯想與比較容易。反之,我們不難理解,若經歷所發生的時間長,經驗產生時的感受印象不深,則它對生活的影響就小。

因此,比較能否產生、是否容易產生,就取決於這樣兩個因素:一是看有無相同性及相同程度大小的事物;二是人們對這些相同性事物的印象大小。顯然當有相同性程度大的事物,且其印象又深,則聯想與比較就容易。如當時同時能感觀到相同性事物,甚至有相同性事物可選擇,則不比較都難,你會在面對兩個可選擇的工作而不做比較嗎?反之聯想與比較就困難。

生活中總有聯想與比較,只是因相同性與印象程度的不同而發生聯想與比較的代價不同,決定比較的可能和機會不同。生活中我們也不難找到相同性程度大的比較事物,如以前與現在的工作和收入等,由於兩者間相同性程度大,人們對其感受印象深而很容易聯想與比較,從而好與壞都很容易被刺激而產生感受,並因一點變化和差別而受到較大的影響,以至於產生情緒化行為。

有趣的是,生活中人們對敏感性強的事物,一旦受到相同性事物刺激,常常會再次產生熱情,並反過來受到當時生活的比較影響。

這就是說,當我們受一事物刺激,特定的感受神經就會活躍,於是相關與相同的事物與記憶就容易被感受,產生聯想與比較就不可避免。至於誰是比較事物與被比較事物就看人們對誰更感興趣,其感受結果與對生活的影響也就可能完全不一樣。

如做相同工作的兩位同事,當其中一位發現老板給另一位更多報酬與升職機會,此時如果兩人的關係很好,彼此很在意對方,則另一位就會用自己的失敗比較得出另一位成功的意義而為他感到高興。

相反,兩人關係不好,比如雙方處於一種競爭關係,他們在乎的是自己,則另一位就會用他人的成功來比較而得出自己的失敗,因而就會因強烈的負面刺激而感受到很大的痛苦。

於是,對待同樣的生活與變化,當我們的心態與在意的內容不同,得出的意義與人的情感反應也就不一樣,而這種心態不僅由人的性格與經歷決

定，也受環境影響。

在市場經濟社會，一個人的財富和地位很容易與他人形成比較，在於這是人們都很在意與容易感受的生活，這就形成了相同性太多、印象深而容易比較的特點，且由於人們在向往美好、追求美好的心態下，對更高水平的生活與財富常常會很敏感而形成較多的感受印象，由此使得不利的比較更容易進行，又由於惡劣的人際關係導致人人都太在乎自己的得失，這自然會形成太多的痛苦比較。

我們說炫富與奢侈不道德，原因之一就在於當人與人的關係不好，人們太在乎自己的生活，人的富有與奢侈太容易刺激其他人產生痛苦的比較和失敗感。

因而市場經濟下不是人們對政府的管理要求減少了，也不是政府的責任變小了，而是相反，社會需要政府更高的智慧與管理水平，如怎樣讓人們能和諧相處與減少不平等，這顯然是複雜而艱鉅的。

或者當一個人生活在獨特的環境裡並很少與人往來，或者生活的興趣與眾不同，此時儘管他的生活缺少交流、不被人理解，但這也許是幸運的，因為他不容易產生財富與地位等相同性太多的不利比較，不會總是糾纏於個人財富與地位的得失而失去廣泛的生活享受。

美國巴克內爾大學的兩位心理學家在研究為什麼我們從人生經歷與個性生活中獲得的幸福感比從購物和收入中獲得的幸福感要強烈和持久得多后，得出的結論是人生獨特的經歷與個性生活沒有什麼可比性而不會讓人陷入不利的攀比中。

生活是一種感受，發現新事物、尋找其意義是生活的基本要求，而比較是這種要求得以實現的有效和必然的手段。因而我們說人的內心有種聯想與比較的慾望，並對自己感興趣的生活總希望有相同性事物的比較來認識。然而當這種比較總是糾結於個人得失、事物的完美，則其對生活的負面影響就會很嚴重。

由於事物的相同性與印象決定了比較的可能，因而也就不難理解生活環境與方式的變化必然導致聯想和比較內容的不同，並由此決定生活的態度

生活的意義

變化。

如當我們無車時，雖然與有車比較有很大的失落感，但這種比較因對比較事物的印象不深以及有車人的相同性生活少而較少發生。

而在人們有車後對車尤其是各種好車的感受機會與印象增加，也因與有車人的相同性生活增強而與更好生活的聯想、比較而增多，於是有車後人們不是變得更幸福和輕鬆了，而是更浮躁、壓力更大，不滿足感更強了。

為什麼當一個人經過努力得到一定地位與財富後變得更計較個人得失、痛苦也因此增加呢？這就是因為他的吃住行方面都上了一個臺階而與有錢人的生活相同性增加，對財富與地位的熱情增大了，所產生的不利比較更多了。

因此，財富增長一方面在不斷滿足人的需要，而另一方面又刺激人們比較而產生更高的要求從而導致其慾望增加、不滿足感增強，尤其在貧富差距增大時人們可能會發現財富增長給自己帶來的是壓力與痛苦而不是輕鬆和幸福。

任何事物的意義都受其他相同性事物的影響，反過來說任何事物也會影響其他相同性事物的意義，這就形成了事物的「雙重」比較意義。

如今天的收入認識需要經驗比較，而今天的收入情況又將成為經驗而影響今後收入的意義。

生活中有一個守株待兔的故事，就是說一個農夫在一棵樹下撿到一只撞死的兔子，農夫很高興並因此放棄了莊稼的種植而整天在樹旁等待撞死的兔子，但最終一無所獲。

那麼，農夫為什麼高興呢？這顯然不僅是因為撿到死兔本身，更在於農夫平時的耕作太辛苦，比較起來撿死兔對他的意義更大。試想，若撿死兔的人很富有，死兔就沒有太多的意義了。

然而，問題在於這次經歷給了農夫太美好的印象並形成了較高的生活標準，而對其今後的生活產生了嚴重的不利比較影響，即相對於不勞而獲地撿死兔，種地太辛苦而導致其種地熱情減少，甚至不願再種地了。考慮到種地在生活中更多地出現，故痛苦的比較對生活的影響是主要的，這樣撿死兔帶

給他的就是痛苦而不是幸福。

因此，美好的事物並非完全美好，如富裕與成功，因為這讓人形成一個較高的標準和要求而對現實產生壓力。而令人痛苦的事物也並非完全不好，如貧窮與艱辛，至少這讓你對現實與今后的生活更容易感到滿足。

於是對於不幸與貧窮，我們不能太悲觀，因為這常常是一個好的開始和有潛力的生活表現，對於美好與舒適我們也不能太留戀並以此為標準而給自己提出太高的要求，這就需要我們以好的心態去理解生活。

這的確是一個複雜而微妙的心理過程：美好的事物人們總是會去追求和迷戀，但又不能給自己定下一個過高的要求而給自己帶來壓力和傷害。痛苦也是這樣，它能讓未來變得美好，因而你不能深陷其中而傷害到自己。

這就要求我們能控制好自己的感情。比如，當我們遇到痛苦與不幸時能很快轉移感情，能更多地發現積極的因素、聯想到美好的事物，或者我們能更多地以差的來襯托生活，感受美好的一面，讓生活更健康。

第二節　機　會

生活中我們總會遇到這種情況：本來對一物品是滿意的，而一旦有更多的物品可供選擇，一種機會損失感頃刻便讓我們對該物品的滿意程度降低。

根據比較理論，雖然饅頭能給人充饑和營養的滿足，但若人們有消費更好食物如麵包的經驗，則其滿足感就會受到不利的聯想比較影響。

然而當人們不僅有麵包的消費經驗，還有麵包可選擇，則人們在選用饅頭充饑時，饅頭給人的作用就會受到更大的不利比較影響，其實質就是選擇比較產生了機會損失。

假若在不受其他食物聯想與比較影響的情況下麵包本身給人的實際作用為50個單位量，它包括充饑、營養與香甜等作用的總和。同樣饅頭除與麵包相同的充饑、營養作用外，因香甜差一些而假設為40個單位作用量。

現在若有麵包與饅頭兩種食物，人們選擇了作用量小一點的，即 40 個單位的饅頭充饑，則人們所獲得的享受就不是 40 個單位，而是要減去因選擇饅頭而失去麵包的作用量，即 50-40＝10 個單位量。這樣，人們選擇饅頭所獲得的實際作用量為 40-10＝30 個單位量，所減去的 10 個單位量也就是機會損失量，也即人們選擇饅頭的機會代價或成本。

為什麼選擇饅頭時的享受量要減去 10 個單位量呢？這是因為當人們選擇饅頭而放棄麵包時，自然會聯想到不能享受麵包的損失，而這種聯想與損失感是因人們選擇了饅頭而產生的，故影響到饅頭的作用。

為什麼人們的機會損失是麵包大於饅頭的作用量即 10 個單位量而不是整個麵包的 50 個單位量呢？其原因是機會損失產生於麵包大於饅頭的部分，即 50-40＝10。而相同的 40 個單位，即麵包與饅頭相同的營養和充饑是人們不會產生聯想的（因這種聯想沒有意義），因而也就沒有損失感。

於是不難理解，若在人們選擇饅頭為食物時還有更好的食物，如其作用為 90 個單位量的糕點可供選擇，則人們選擇饅頭所獲得的作用量就為 40-（90-40）＝-10 個單位，即此時饅頭給人總的感受是痛苦而讓人放棄消費。

我們應如何理解在有糕點選擇的情況下饅頭能給人帶來實際好處，即充饑與營養而放棄消費呢？難道不吃饅頭就沒有這種機會損失即 90 個單位量的糕點損失嗎？顯然不是。但人們此時不選擇饅頭這種機會損失感就會很弱，因機會損失產生於感受刺激時的聯想與比較，即選擇與消費饅頭讓人們的這種糕點消費聯想和比較更多地產生，故為了減少這種聯想所產生的損失與痛苦感，人們就可能不消費饅頭，除非人們特別饑餓，饅頭給人的「實際」作用很大。

或者，即使有麵包的機會損失人們仍選擇饅頭，此時若出現新的不利因素，如有人消費麵包，則人們選擇饅頭的負面比較量增大，即增加了不平等給人的痛苦，人們也是會放棄消費饅頭的。

其實，這種機會損失加不平等對人的選擇影響在生活中很普遍，也很有意義。如收入差距給人的影響不僅是財富的多少比較，還有不平等對人的傷害，這時收入較少者產生抗拒行為也就容易理解了。

機會損失也可看作相同性比較的一種特殊情況,因為這種損失感仍產生於比較,但選擇比較與相同性比較又有所不同。

首先,相同性比較發生在任何相同事物間的聯想,且由於事物間相同的普遍性,事物間產生比較的範圍更廣、機會更多。

而機會損失比較只發生在可選擇事物之間,且產生於選擇事物與所放棄最大作用事物的比較,因為人人都有選擇最佳事物的偏好和要求,放棄這種機會人們會很在意的,要去聯想而形成一種比較損失感,而對所放棄的較小作用的事物就是理所當然的,人們也不會去聯想與比較了,因而選擇比較是相對確定而簡單的。

如我在饑餓時,不僅有麵包與糕點可消費,還有比麵包更差的食物饅頭可供消費,這時我選擇麵包消費,只有更好的糕點會令人在意而產生機會損失比較,而對饅頭就可能熟視無睹了,最多產生影響較小的相同性比較。

由於食物消費種類與經驗太多,人們在消費一食物時聯想什麼、比較什麼與比較的程度如何,就是一個複雜而隨機性強的事情,且因人而異,只是與消費食物的相同性程度越大、印象越深而容易聯想和比較。

這時的環境刺激也就很重要,如在你吃麵包時旁邊有人說糕點的味道如何好而麵包如何不好,這時就會刺激你形成痛苦的比較,相反此時你身邊有人表現出羨慕,情況就不一樣了。

其次,比較產生於相同性事物之間,而機會損失產生於選擇。於是不管是否具有相同性,只要有選擇就可能會產生機會比較。

因此機會選擇比較既可產生於相同性事物如麵包與饅頭間,也可產生於完全不同的生活選擇,如吃與玩、休閒與工作等,只要有選擇,且選擇了不是最需要與最理想的事物,就會產生比較與機會損失感受。

生活中時時有選擇、處處有選擇,其原因一是人的時間與生命有限,於是為了生活得更有效率、更有意義,就總要進行選擇。二是一種物質與資源常常有多種使用機會,這就要求我們做出好的選擇。

其實,機會損失還包括進一步的比較意義,即當一更有意義的事物被人們放棄,會產生相應的機會損失。但是作為曾經的可選擇事物,人們在選擇

生活的意義

時因有了更多感受與印象而增加了該事物在生活中的聯想比較機會，而該比較與當初的選擇有關，因而當初的機會損失是否應包括隨后可能產生的比較影響呢？

對於該問題我們應該這樣來認識：若隨后所產生的比較影響是在選擇時能預期到的，則機會損失就應包含隨后的比較影響，否則就不包括。

於是像工作與伴侶等在生活中敏感而容易接觸到的相同的事或人，如果人們當時放棄了較理想的選擇，則因其隨后時常還要被聯想比較而對自己的生活不利，且這些不利比較也是人們很容易預期到的，所以放棄這些理想選擇所產生的機會損失就應包括其隨后的不利比較影響，從而使得人們在選擇時的機會損失增大，以至於人們會更加小心地做出選擇。

如戀愛時放棄了自己理想的，不僅有當時的選擇比較所產生的機會損失，還有在今后生活中時常感受所產生的比較影響，而這種預期是很容易的，故這會使得你在選擇放棄時會更加小心。

或者，人們為減少隨后的不利比較而有意迴避所放棄的事物，即在今后的生活中對這些較理想的工作與伴侶盡可能迴避，或者控制好自己不去聯想它，從而減少痛苦的比較，不過這種迴避與有意識控制仍是一種代價。

但當放棄是暫時或者是有計劃的，其機會逐漸減少所產生的痛苦就不會很大，這不僅是因為在今后生活中產生聯想比較的機會不多，更因為人們有心理準備而不會太在意。所以當親人短暫分離、生活暫時改變等人們不會感到太痛苦，而一旦認識到是長期的分離或突然失去，則情況就不一樣了。

如果一事物在放棄后很難得到，甚至是永遠不能再得到，雖然這可能造成很大的機會損失感，但如果人們對放棄事物的印象和慾望能很快減少，即發生感受轉移，其比較所產生的機會損失也不會太大，這也是人們試圖轉移感受來減少痛苦的原因。

如小孩想買一個玩具而未能如願，這時儘管小孩有很大的機會損失與痛苦感，且他可能永遠也得不到該玩具，但並不能說該玩具會給小孩造成非常大的傷害，因小孩很快會因其環境與興趣變化而忘記它，因而其機會損失的痛苦僅僅發生在當時而總體不會很大。

當然，感受強烈、持續時間長與容易受到刺激而產生聯想的機會損失對人來說是很不幸的。如突然失去親人與某種好的生活，人們又很留戀而長時間在生活中感覺到他（它）的存在，由此對生活就會產生持續與嚴重的機會比較痛苦。

然而更有意義的是，事物意義的多樣性與人的情感多變使得機會損失比較複雜化。

首先，事物的多功能決定了事物間還存在局部的機會比較損失。假設有 A、B 兩事物，其中 A 事物的作用量大於 B 事物，但局部功能常常存在有 B 大於 A 的情形，這樣如果人們選擇 A 事物后仍去感受 B 事物這些局部作用量大的功能，就會存在相應的局部機會損失比較。

於是即使我們做出了好的選擇，較差事物也會形成比較影響，某種功能還會形成局部的機會損失比較影響。

如我對自己的工作總體來說感到滿意，選擇自然是正確的，但相對於原來的工作就是時間管得太死而不太自由。如果我們太留戀原來的自由工作，並總是去比較，自然就會形成相應的機會損失感而對現在的工作滿意程度降低。

由此看來，由於事物意義的多樣性，局部機會損失比較是很容易出現的，所以產生的機會損失感還是很普遍的，因為人們時常會去感受、在意美好的。但是只要我們知道這種機會損失的普遍性與對生活的不利，就應該理性一些而不要太在意這些局部的得失，從而也就能減少相應的痛苦損失感。

其次，許多時候對於可選擇的事物我們並不是很瞭解，或者對於某些意義還沒有發現，更由於環境與情緒變化導致人的態度變化，因而在事物的意義具有很大的不確定性時做出選擇就容易產生意想不到的機會損失感。

於是，儘管人們當時所認定的選擇是正確的，在當時看來沒有機會損失，但隨著時間的變化，甚至在剛選擇后就可能感覺到不理想而形成機會損失感。

如我們認為選擇了最好的工作，但隨后發現這並不理想，而這可能是個人情感變化的原因，或者是因為對當初所放棄的工作在隨后的接觸與重新認

識中發生了變化，像發現有很多升職與漲薪機會，與某人能在工作中很好相處，也很愉快。或者我們認為新的工作有更多升職與漲薪機會，但選擇后卻發現不是這樣，由此產生機會損失感。

當然，也有相反情況，即人們放棄了較差的選擇，隨后發現所放棄的比想像的還差，於是對自己的選擇更感到滿意。

很多時候事物間是一種相同性比較影響還是選擇比較影響，或者比較產生的是滿足、還是痛苦更多取決於人們感受了什麼、感受了多少，而這又取於人的觀點、心態與當時的情緒，且這些常常是不確定的、隨機的，從而決定了比較的複雜性。

顯然，當人們缺少冷靜、缺少對生活的正確理解，就會變得浮躁和盲目而增加生活的混亂、選擇的煩惱，並由此增加不利的比較影響與機會損失感。

如當我們對生活的要求太高、追求太完美，總覺得這樣不對、那樣不合理時，總認為他人與社會可以做得更好、自己可以生活得更好並選擇到更好的等，就會感到太多的機會損失與痛苦。

這時多交流與理性地生活就很重要，它能有效減少人們的這種機會損失感與痛苦。

或者人們為減少這種太多的機會損失痛苦而產生了麻木。但這又產生了這樣一個問題，即一方面人們因經濟性要求而不得不對各種選擇進行感受與比較，而另一方面為減少不利的比較又需要減少感受，這就形成了一個兩難的情形。

於是，對於許多意義不大或者意義不是很明確的選擇，就憑感覺來生活與自我滿足，這不僅是因為思考與選擇是一種代價，更由於可能會產生負面的比較與機會損失感。

一般情況是，隨著社會的發展與個人的成長，可供人們選擇的生活內容與事物逐步增加，同時人的情感也變得豐富，故在生活中的比較與選擇機會影響將日益嚴重而普遍，不滿足感隨之增加，這時我們正確地理解生活、懂得生活的理論就很重要，它能讓我們消除許多不必要的痛苦。

由此人們想過一種簡單而平淡的生活也就容易理解。這時人們感覺可選擇的生活少了、時間相對多了，同樣生活給人的意義與滿足感也就較大了，生活也變得更充實了。其原因除了人們有時間來充分享受該事物外，還有一個原因便是人們心態穩定、雜念較少，從而人們可以比較安心地專注於自己的生活而感到更多的幸福。

第三節　比較系數

當我們以饅頭充飢時卻有了消費麵包的可能，則饅頭給人的作用會受到不利的比較的影響，而這兩者的區別僅僅在於麵包給人的感受印象不同所造成的比較系數的不同。

假設我們一天的工作收入是 10 元，而朋友一天的工作收入是 15 元，於是我們的工作受到了不利的相同性比較影響。但是，當我們特別在意朋友更高的收入，即總是去聯想與比較，就可能受到嚴重的與選擇時所形成的機會損失一樣的不利比較影響。這給人們一種提示，即相同性比較與選擇比較的差別是否僅僅是比較事物印象大小的不同所產生的影響不同？

由於事物的意義不僅由其本身的性質與結構決定，還取決於相關事物的聯想，而這種相關性即包括相同性事物，也包括可選擇性事物，即選擇比較與相同性比較從本質上講都是一種通過相關性聯想來對事物意義發生影響的，自然聯想的難易決定了這種影響的大小。而這種聯想的難易不僅取決於事物間的相關性程度，也取決於它們本身給人的印象大小。

其中，選擇的比較事物與被比較事物因作為同樣的選擇對象而相關性程度大，所以選擇時兩者存在同等的感受要求，以至於事物之間不存在嚴格的比較與被比較的區別，這自然導致比較事物給人的感受印象太深而必然地發生聯想，從而比較事物對被比較事物的影響大。而相同性比較就不一樣了，其比較事物的感受需要與印象顯然就差很多，其原因在於人們過多關注這種

不可選擇的相同性事物沒有太多意義,並使得相同性事物對被比較事物的影響較小。

這就是說,決定聯想難易的相關性,也最終通過事物給人的印象大小來產生影響。

因此,我們認為比較事物給人的印象不僅決定了比較影響的大小,也決定了比較的性質,即是普通的相同性比較還是特殊的選擇比較。

更具體地講,若 A、B 之間具有可比較的關係,且 A 是被比較事物,其本身的作用量(不受聯想比較影響)為 a;B 是比較事物,其本身的作用量為 b,這樣事物 A 的實際作用量 P 就可表達為:$P=a+(a-b)i$。其中,i 為比較系數,它表示人們對比較事物的印象大小,且 i 越大,說明人們對比較事物 B 的印象越深,從而比較就越容易進行,對被比較事物 A 的影響也越大;反之亦然。

這樣通過比較系數 i 乘以比較事物 B 與被比較事物 A 的作用差,也即比較量 (a-b),就可得到比較事物 B 對被比較事物 A 的影響量,故 i 又是反應比較事物印象大小的系數。

於是,當自己的收入增加 100 元,雖然有人增加 200 元,但自己不知道,即印象為零,則比較系數 i 為零而不會給自己帶來任何影響。而當自己知道,但僅僅聽說而已,或者收入更多者離自己的生活很遠,故給人的印象不深而影響不大,這時自己收入的 100 元就會受到他人收入 200 元的較小影響,其影響量為 100-(200-100)i,因比較系數 i 較小,如 0.1,則 100-(200-100)×0.1=90 個單位,即自己的收入 100 元因受到比較影響而只相當於 90 元的意義了。

但是,若他人收入增加 200 元所給人的印象深,如 200 元收入者為同事,則比較系數 i 就會較大,如 0.8,於是自己收入的 100 元受比較影響就較大,其實際作用為 100-(200-100)×0.8=20 個單位,即自己收入 100 元的意義就不大了,僅為 20 個單位作用量。

而對於選擇比較來說,由於選擇前不知道該選擇誰,故比較與被比較事物被人們同樣感受,人們對比較事物與被比較事物的印象一樣深,從而比較

系數 i 被看作最大值時的 1，這相當於比較與被比較事物可互換而沒有感受印象的大小差別了。

這就是說，選擇比較僅僅是因為人們對比較事物的感受印象深而已，因而儘管是相同性比較，只要人們對比較事物的感受印象足夠深，還是會產生與選擇一樣的比較影響，其原因在於印象深，與可選擇一樣讓人的大腦容易受到刺激而產生反應。或者說，相同性比較與選擇比較的區別僅僅是比較事物給人的印象和比較系數的不同而已。

造成這種非選擇而又產生近似於選擇比較影響的原因有兩種。

一是人們在主觀上太在意與敏感性太強而強化了比較的結果。如上例中當同事的收入增加 200 元而自己只增加 100 元，考慮到自己也做同樣的工作，或者平時自己表現好，領導也重視自己，卻因偶然或不明原因沒有獲得 200 元的收入增長，或者所有人都獲得了 200 元收入而自己沒有，則自己的強烈反應造成他人 200 元收入對自己的刺激和影響很大，好像自己完全應該獲得 200 元收入一樣，這時就存在 200 元收入與 100 元收入被同等地感受，這樣比較系數也就很大，即等於或近似地等於 1，這就形成了實際上的選擇比較與機會損失了，因而自己的 100 元收入受比較影響后實際作用為 100－(200－100)×1＝0，即這次收入增加沒有一點意義和幸福感，就等於收入沒增長一樣。

二是對於比較事物人們太容易感受而難以迴避。如當我們在選擇饅頭時麵包也放在一起而能同時感受到，這樣即使麵包是不可選擇的，人們選擇饅頭也會因麵包給人的刺激太多、印象太深而產生很強烈的比較損失。

或者當你身邊的人個個都很富有，而你僅僅是衣食無憂，同時有人時時在你面前炫耀而有意刺激你，就可能加深比較事物的印象而造成近似機會損失的痛苦。

相反，即使是可選擇事物，因比較事物抽象、人們不太在意，其印象也可能較少而造成比較系數小從而影響不大。

如你在饑餓時面前放著饅頭，同時有人告訴你還有麵包，這時雖然麵包是可選擇事物，但因抽象而感受印象差，於是 i 就小於 1，即人們選擇饅頭

生活的意義

的機會損失感減少，選擇饅頭的機會與可能因此增加。而在你面前同時放麵包與饅頭，你選擇饅頭就會受到更大作用的麵包印象影響從而選擇饅頭的機會和可能減少。

又如一個人在工作中完全有能力做出好的成績，可他不這樣想，更不去努力，而別人也不去提醒他，慢慢地他就會失去感覺，甚至他人成功後也不會刺激他產生相應的機會損失感。

或者，即使是可選擇事物，人們也果斷放棄、不去多想，則很快因人們的印象不深以致比較系數遠小於1而形成與相同性比較一樣的較小影響。

人們在生活中常常可能出現錯誤與被誤導，即本來一些生活是可選擇的，但因抽象及不讓其感受而印象不深，或者被他人有意識地淡化，甚至不讓你知道，這樣人們即使放棄也不會有印象和機會損失感。

如有兩個工作讓你選擇，但你只是體驗與更多地感受了其中一個，而對另一個陌生，或者別人只是輕描淡寫地講一下，其目的就是讓你更可能選擇前者。

這就是說一事物給人的比較影響大小，可能更多地取決於該事物對人的刺激程度與印象而不是真實的相關性情況。

某些事物的感受印象取決於其意義的可實現程度，如可選擇性大小，因而比較事物的可實現程度也就決定了其受比較影響的大小與性質，且當一種事物可實現程度高，人們對其感受程度就大、對其印象也就越深而越容易形成給人較大影響的機會比較影響，反之就是較小的比較影響。

然而，對於一些事物是否可選擇僅僅是一種可能性大小，且這種大小又常常被人們忽視，因而使得相同性比較與選擇比較難以區別，這也更容易體現人的主觀與心態在比較中的重要性。

人們常常對明知賭博會輸卻仍會去賭博的行為不理解，其原因一是人們在決定是否參與賭博時不僅看賭博輸贏的概率，還取決於輸贏各自給你的印象大小，於是即使你知道賭博輸的概率大，但你對贏的印象更深、熱情更大而去參賭。二是對贏的印象太深又會主觀上提升自己贏的概率。英國劍橋大學的一個研究小組對15名志願者在玩模擬老虎機時進行大腦核磁共振掃描

實驗，發現當人沉迷在賭博中就會形成「差一點就贏了」的刺激，並可以讓賭徒感受到與贏錢同樣的興奮。這可解釋一些人為什麼儘管屢敗屢輸，卻仍深陷其中而不肯放棄。

於是當一美好事物給人的感官刺激強烈、印象深，人們就可能形成錯覺，即感覺到是可實現的一樣，或者尋找各種理由認為應該是自己的，或者是自己可做到的等，從而產生主觀意識上的非真實的機會比較損失。

如當同事與朋友等自己很熟悉的人收入提高，我們就會形成很深的印象並產生錯誤認識：似乎該收入自己也很容易獲得，自己也應該如此等，從而產生機會損失感。

或者當生活中到處都是奢侈品宣傳、富人炫富，大家又崇尚物質消費時，這不僅給人深刻的財富印象，也讓人感覺好像各種財富都存在很大的實現機會，從而讓人們盲目地自信與追求，由此產生太大的機會損失感與失敗感。

因此我們也可把比較係數 i 的大小看作反應比較事物可實現的概率大小的量，而這種感覺不僅由客觀的可能性決定，也產生於人的主觀態度與事物給人刺激和印象的大小，且一種事物感覺可實現的機會與概率越大，其比較事物給人的刺激和印象就越深，它所產生的比較影響與比較係數 i 越大，由此形成不利的比較痛苦感也越強；反之就不一樣了。

第四節　代　價

代價在傳統意義上也就是勞動。這種勞動表面上產生於生產活動，其實就是生活中廣泛存在的心理比較而已。

痛苦產生的原因之一是生活的不幸，如生病、災難與失敗等；二是選擇時的機會比較損失。

生活也是為了享受，於是在可預期的時間內人們總希望選擇到符合自己

生活的意義

需要的、能使自己獲得最大滿足的事物，但在更短時間內與局部的生活範圍，人們就必須約束自己的行為而產生損失與痛苦。

如為了有更好的將來，自己就會多學習和更努力地工作，雖然從長期看這是自己的最好選擇，但短期就要放棄一些愛好及享受而感到痛苦。

當人們不能選擇自己最需要的東西、做自己最喜歡的事情時，就會產生機會損失而感到痛苦，且我們把這種痛苦稱為生活中的代價。

於是，生活中出現的意想不到的或者不可避免的痛苦我們不能稱之為代價，如生病、災禍與失敗等，因為這不是選擇的結果，而只有人們主觀放棄更大意義的事物、有意識地約束自己的行為而造成痛苦時才構成代價。

假如人們有三種衣物可選擇，其特點分別是漂亮的、普通的與破舊的，其帶給人的作用量分別為20、10、-10個單位。其中，作用為負表示破爛衣服本身所帶給人的是不適，人們寧可不穿。

這時人們選擇令人厭惡的破爛衣服穿固然構成了痛苦與代價，而選擇能給人帶來10個單位作用量的普通衣服穿，此時儘管衣服本身給人帶來的是享受，但人們也會因此失去作用量為20個單位的漂亮衣服而構成代價，且其代價量為20-10=10個單位，與其享受量相當，這時人們仍沒有幸福感。

當然，人們不會無緣無故地選擇差的衣服來穿，這樣做是有原因的，如把最好的衣服暫時保存起來，等以後更有意義時再穿，或拿去交換更有意義的物品以實現更大的享受等。這就是說，代價是具有儲蓄與投資意義的行為。

由於構成代價的機會損失產生於比較，因而我們不難理解代價的產生與大小取決於比較事物，即代價不是看你做了什麼，而是看你放棄了什麼。

如今天上班，假設天氣好又有人預約出遊，這樣當天有很好的生活選擇就會使上班的代價增加。相反，若今天下雨，家裡又停電，則可選擇的生活方式很有限，上班的代價就會明顯減少，以至於上班不是痛苦與代價，而是人們願意選擇的享受了。

因此工作的代價不是看你有多累、多苦，而是看你平時有多輕鬆、多休閒。

因而對落后國家與貧窮者而言令人滿意和給人享受的生活，對於發達國家與富裕的人來說，由於有更好、更多的生活可選擇就可能變成了令人痛苦的生活。

如一輛二手車對於窮人與落后國家的人來說是一種理想和享受，而對於富人與富國的人來說卻是不願選擇的代價。

或者原本給人享受的生活，由於生活水平的提高與選擇機會的增加，就可能成為令人痛苦的選擇與代價行為。

如在家帶小孩，在落后的農業社會被視為輕閒與享受，而在發達的工業社會裡，就會因不能更多地參與社會生活而變成令人痛苦的代價行為。

於是從某種意義來說，生活的發展、人的自由與可選擇事物的增多，是造成生活的代價與痛苦增加的原因。

對於生活的代價我們可以做這樣的理論總結：人的身體與心理有一系列可選擇的狀態，其中只有一個是最理想與最需要的，我們稱之為第一選擇。顯然第一選擇是人們理所當然的選擇，而非第一選擇就會形成痛苦的比較刺激從而構成生活的代價。

由於隨心所欲的生活才能選擇到自己最喜歡的行為以及自己最需要的事物，因而代價也可解釋為生活約束的結果，且當生活中的約束越大、越多，就會讓我們更加遠離第一選擇而產生更大的機會損失，即代價。

經濟學家張五常在對他的一次看畫展排隊的經濟分析中，將看畫作為收益與享受，而把排隊等候看作成本，即代價。

為什麼排隊等候是代價呢？人們的回答一是因為排隊要用時間，可是享受也需要時間，如吃飯、看電視，為什麼排隊用的時間就構成了代價而其他就不是呢？

認為排隊是代價的另一個原因是排隊是過程而不是目的，可是目的與手段都是相對的，像學習與工作是為了提高自己的能力與收入，因而前者是手段，后者是目的。但是，當你對學習、工作產生了興趣與愛好，手段與過程也就變成了目的。因而過程構成代價只是可能，而不是必然，以此定義代價並不科學。

這時，就需要我們對生活有深入的理解並做抽象的理論分析，即對排隊行為做選擇比較分析：排隊時人們可選擇的生活還有很多，如在家看電視、與朋友聊天等，這些都比排隊更能滿足人的需要，因而此時人們選擇排隊就是一種約束與對其他更適合自己需要事物的放棄，由此產生令人厭倦與痛苦的機會損失，即構成代價。

當然我們並不排除極少數人，在極少數情況下因生活太無聊，會把排隊看作需要與享受，即作為當時生活的最佳選擇或第一選擇，但這也是偶然與短暫的，道理很簡單，如果人們能自由自在、隨心所欲，那就不是有特定時間、地點與行為要求的排隊了。

生活中這種行為約束所產生的代價是普遍存在的，最典型的是在社會工作中往往有許多要求，如在特定的時間內到特定的地點，必須在某種條件、時間內完成特定的內容或達到某種要求等，在這種情況下，人們對隨心所欲的約束就很大而構成令人痛苦的代價。

代價是選擇的結果，而人們在每一單位時間內都會面對選擇，這種單位時間既可為年，也可為天，還可為時、分和秒等。這就是說，只要人們在這樣的單位時間內有了選擇行為，即使這種選擇僅僅是意識，就存在第一選擇與非第一選擇，以及因非第一選擇所形成的比較痛苦感與代價。

且在人們做出選擇后，還會面對更短時間內的選擇，我們稱之為選擇中的選擇、代價中的代價，如學習與工作是為了收入，但在長期的學習與工作中，還存在著許多第一與非第一選擇的情形，享受時也是這樣。

傳統與習慣上人們又把在工廠與田間的物質生產活動所構成的代價叫作勞動，其特點是這種生產活動不僅有嚴格的程序性行為要求，更在於有過多的、令人不適的體力與腦力消耗，還有監督與管理，以及高溫、污染的空氣與噪音等惡劣環境對人體的傷害。

因而我們習慣上談到的工作，也是一種公認的有較大約束的代價行為，更重要的是其具有社會性，即這種代價付出是為了滿足他人與社會的需要。

然而僅僅把物質生產叫作勞動是不合理的、不科學的，因為這是根據特殊情況與表面現象來理解生活中的代價，而沒有從本質與一般的生活規律上

分析，這樣就不可避免地產生一些人們無法理解的問題：如何認識腦力勞動與體力勞動的關係；如何理解物質生產中的工作與非物質的服務工作；如何區別人的正常體力、腦力消耗的需要與工作中令人厭倦的特定體力和腦力消耗。

今天，如果不能正確認識生活中的代價，也就不可能理解發展所導致的勞動形式多樣化演變趨勢，更不能處理好人與人之間的社會關係。

的確，在漫長的歷史時期，人們的生活主要集中於物質的生產與消費時，此時環境惡劣、體力消耗大、管理嚴格與固定、重複強的生產活動構成了痛苦與代價的主要形式。但隨著人的個性與情感在生活的發展中被更多地重視，傳統的生產形式又在逐步消失，這時勞動就顯示出了普遍性的選擇意義。

如今，人的勞動形式與性質已發生很大變化，即變得靈活多樣與融入生活，如勞動中有享受，享受中有勞動，兩者很難區分。又如人的一個站立、一個手勢，只要這不是他自願的，又是社會的需要，就是一種代價，就是為他人和社會需要所做的工作而需要社會認可。

我們還可把人們在單位勞動時間內所承受的痛苦大小稱作「勞動強度」，顯然這種強度不是體力與腦力消耗的多少，而是人們在單位時間內所產生的機會損失大小，這理應成為人們工作強度與收入大小的依據。

勞動不僅存在強度特點，還存在相應的時間特點，即在一定勞動強度下的持續時間，且人的勞動強度乘以相應時間，就構成了人的代價與勞動量。

勞動強度是指人們在勞動中單位時間內的痛苦大小，而勞動量是指人們在一定時間內或者在一代價行為中總的痛苦量，是勞動強度與時間的乘積。勞動與代價量越大，則說明人們越不願選擇它；而勞動量越少，人們選擇它的可能性越大。

因此對於工作，人的勞動強度越大、持續時間越長，說明人的勞動量越大，其收入也就應該增加；而人的勞動強度越小、持續時間越短，則說明人的勞動量小，其收入就應該減少，為零時就不存在對代價和收入的考慮了。

顯然，這種勞動強度與量是由約束造成的，因而勞動中的約束及約束程

生活的意義

度就應是收入的主要依據。

與約束相反的是權力，它給人的生活帶來了許多方便和自由，因而其勞動性很小，以至於人們付出財富也想擁有。相反，許多簡單而低級的工作，其固定性與靈活性少而勞動強度高，其收入應被重視。

英國倫敦城市行業協會搞了一個幸福職業排行榜，來自各行各業的1,000人參加了調查，專家們根據調查結果認定，美容和美髮業在最幸福的職業中高居前兩位，其原因在於它是一種約束小而個性與創造性強的工作，人們可以不斷地求變求新，並與顧客友好交流，且每當他們在看到顧客對工作滿意時，就會得到激勵和滿足，而這種激勵與滿足也很容易實現；最不幸福的是建築工人與銀行職員，其工作單調而繁重。

既然代價是選擇比較的結果，我們也就不難理解為什麼人們對事物意義的評估與思考也是一種代價。這是由於思考是抽象地從繁雜與隱蔽的地方發現本質，從毫不相干與相干很少的事物間尋找聯繫，因此是一個要求很高、約束性很強的心理行為，這必然構成思考的代價，這與生活中肢體行為選擇所構成的代價一樣。

生活中，一個人習慣於以自己的生活方式和經驗來看待問題、處理問題，其原因就在於以自己的經驗來看問題、處理問題是最容易的，而要理解與接受他人的觀點和行為不僅需要重新思考，還要否定自己習慣的、自認為正確的經驗，這也是一種第一選擇與非第一選擇的問題。

由於放棄自己的生活方式及習慣形成的第一選擇，意味著會產生大量的強烈的約束，因而誰都不願去承受與面對，於是都想別人來理解自己並試圖去改變別人，這與人們對物質利益的追求一樣，都是選擇所產生的生活代價和效率問題，於是我們便很容易理解為什麼一個人**不會**因經濟上的一點好處而放棄個人的自由。

經濟性要求的必然結果是人們放棄當時的理想生活而做出暫時的犧牲，其目的是得到更大、更多與更長遠的生活滿足，這種追求與代價付出是社會發展的動力和原因，也是人類生活的藝術與偉大之處。

第四章　生活與追求

生活需要思想，更需要理論，否則就會造成認識的混亂、行為的盲目與選擇的痛苦。

第一節　生活的本質

生活的本質是什麼？我們應如何生活才更有意義？顯然這是非常重要，也是我們非常關心的問題。其實生活是一種體驗，因而儘管我們的生活形式與追求各不相同，其實質都是一樣，即尋找對不同事物的感受。

生活的目的是什麼，傳統的理解是某種需要的滿足。於是像傳宗接代、豐衣足食與安居樂業就是農業社會的生活目的，工業社會的生活目的則是獲得更多的財富與地位。而現在，我們普遍地感覺到了一個抽象而本質的東西，那就是為獲得幸福這種感受。

什麼是幸福？人們如何才能獲得更多的幸福並保障生產與社會的發展能有效地增進每個人、每代人的幸福？這就需要從生活的本質與基本規律去尋找答案。

生命體都有一種對環境做出反應的本能，這是由於在原始、惡劣的生存環境中，變化意味著危機與機遇，把握機遇、迴避危險是生命體能夠存在的基本要求。

而決定生命體應對環境變化的是一種神經感覺：當環境變化給自己帶來不適或者自己不能有效應對環境變化時就會感到緊張與痛苦，而在能有效應

生活的意義

對環境變化時就感到舒適與興奮，這種感覺激勵著生命體積極應對變化，並進化出具有豐富情感與思想的人類。

英國研究人員在用腦部掃描儀測量血流時發現，當人們受到不同物體的刺激，一個被稱為腹側紋狀體的腦部區域會變得活躍，並通過釋放令人興奮的多巴胺等神經遞質參與腦部的獎賞，這與人們獲得財富與地位時的感覺和生理變化一樣。科學家認為，存在這一古老的獎賞、激勵機制是生命體在適應環境變化中進化、人類形成與發展的原因。

人類是在生命體應對環境變化的激勵中進化而成的：從原始的生命體對環境變化做出反應以求生存，到進化為動物積極應對變化來獲得滿足，再到人類為獲得滿足與幸福而尋找和創造變化，以及由此形成人類體驗各種事物及意義的情感與思想，這就是人類生產與生活的實質。

生活就是大自然激勵機製作用的結果和表現，而這種激勵有兩種：一是事物本身具有的樂趣與挑戰性；二是外在的鼓勵與獎勵。

從宏觀看，一個國家或地區的自然資源越豐富、種類越多，人們可開發、利用資源的機會就越多，人類在發展中也就能得到更有效的激勵，並由此促進社會的較快發展。反之，當一個國家或地區的物質資源越貧瘠，人們可利用的物質資源越少，其發展的激勵與潛力就越小。

歷史事實就是這樣，最早的古文明無一不是建立在一個具有肥沃土地資源與可獲得良好發展的農業生活環境之上的，而工業社會發展則主要取決於優越的交通與豐富的礦產。相反，在地球邊緣地區，如沙漠、極地與熱帶密林，由於這些地方不具有適宜生產與持續發展所需的肥沃土地、資源和交通條件，社會得不到激勵故其進步極困難。

同樣，在社會生活中，就是當生活資源，如財富與地位更多地用於激勵人類的探索與發展，且社會表現出平等與自由、公開與公正，則發展就能有效進行，而當生活資源消耗於腐敗與奢侈，並表現出權力與等級文化，則不利於人類的發展進步，這也是我們強調發展的制度與文化建設的意義。

同樣對於一些重要而具有特殊意義的學習與工作，也需要外在的激勵。當然，若一個人能從學習與工作中體會到本身的樂趣和意義，這種激勵就更

為有效，或者事物本身給人激勵與人為的外在激勵同時進行，這種激勵就更強大。

我們常說人有好奇與娛樂的本能，而所謂好奇，就是人們為感受不同所產生的探索與創新。所謂娛樂，無非是人們以製造變化為樂趣，並由此產生了游戲、聊天、藝術與科學等生活形式，其實質就是人們追求變化、以體驗不同為生活意義的表現，並因此獲得激勵。

人與社會的存在、發展都深刻地體現出一個激勵機制與要求，沒有變化與創新的激勵，就會落后與退化，人類面對的就只有痛苦與消亡，而激勵人們應對變化、娛樂創新不僅是大自然的規律，也是人類的基本精神。顯然只有我們明白了這種規律與精神，才能很好理解生活的意義，也才能更好地享受生活。

簡單地講，生活就是尋找更多事物的感受而已。如安全的需要，是人們為了延長生命以獲得更多的新事物感受；人們對地位與財富的追求，是為了得到更多不同體驗的保障與機會；生活需要交流，就是從交流的動作、語言中感受變化、傳遞的不同；而交換就更明確了，那就是互通有無；我們組成家庭與參與社會，可理解為是為獲得持續生活體驗的平臺與基礎；而知識與技術在於提高自己的創新能力和手段；或者我們所說的追求，也就可理解為對特定意義與較高水平的生活形式的體驗。

生活表現為人們不斷產生需要與需要不斷得到滿足的過程。人的需要可歸結為兩種：

一是週期性生理活動所形成的生存需要，其特點是穩定性與重複性。如饑餓會產生對食物的需要，而在一段時間的消化後又會再次產生饑餓感，如此重複，人腦需要週期性地工作、娛樂與休息，是一種不斷重複與循環的過程。

二是人的情感表現出對變化的感受需要。這首先是對不同物質的感官刺激，如對各種環境與物質的體驗等。其次是理解，理解是對感官感受的進一步認識，如對經歷的總結、對事物抽象意義的感悟等，是在相對不變的情況下人們用更多的時間去發現意義的過程。

生活的意義

　　當然，重複行為是為了生存，而生存的目的就是感受生活，即體驗變化與不同，否則重複性生活就沒有意義，這也是人們對重複與平淡沒有興趣的原因，儘管人們很需要它。

　　對於人類重複性生活我們也可理解為正常的生活代價，如人們不會因為能說話而感到幸福，但會因為不能說話失去表達與交流的機會而痛苦，這就要求我們每個人要學會說話，且重複性生活也是為了避免疾病、饑餓與死亡等不適所帶來的生理痛苦。

　　從本質上講，機械性與重複性的生活是人類的本能行為，就像植物會不斷吸收水分與營養來生長是一切植物最簡單、生命得以存在的基本形式一樣，也是人類沒有感覺、不需要感覺與不願感覺的行為，而對不同事物的感官與理解才是生活的目的和意義所在。

　　反過來想，假設習以為常的生活也能給人滿足，那麼我們每個人都足夠幸福的了，生活的目的也就實現了，因我們現在的生活內容已經很豐富了，這顯然是不符合現實的，也不可思議。

　　一事物可感受的意義是有限的，不斷地感受會使一事物變成習以為常與平淡，人的情感會逐步變得麻木而失去感覺，儘管有些事物對人的刺激會很大，帶給人的興奮時間很長，如一個窮人突然獲得顯眼的財富與地位等，但最終會趨於平靜與平淡。

　　於是人們要想獲得更多、持續的事物感受，就必須不斷有新事物的產生，有持續的生活變化供人們感受和理解。顯然，若生活的環境相對穩定，人的感受能力又不能提高，新事物的產生就會日益困難，生活就難免會變得無聊。但這並不排除一些人能在這樣的情況下以簡單的娛樂度過一生。

　　人們對生活的感受是通過感官與理解來進行的。其中感官是人類對物質刺激的一種本能反應，是人們很喜歡的生活形式，但能給人帶來感官享受的物質卻很有限。而理解是人們對感官做進一步抽象認識的過程，也是付出代價的行為，但內容豐富而潛力巨大。

　　如我們到一地方吃飯，飯的味道與品種很容易被我們感覺到，也是人們非常願意感受的，但這些內容也很有限。而對當地飲食文化的認識就要複雜

得多，也豐富得多，並因需要人們花費很多時間與很大的精力而感到生活的充實。

當一個人可選擇的生活內容有限，且把情感停留在直接的物質享受上，是會很快感到空虛與無聊的，因為人對物質的感官能力和消費速度遠大於其供給的能力及增長速度，以感觀來獲得滿足肯定是不穩定的，且不利於人的情感和思想發展。

如玩具多固然可讓小孩獲得很好的感觀享受，但若小孩很容易獲得各種玩具而又缺少引導與交流，則小孩很容易停留在毫無目的和意義的各種感官享受中，對玩具的新鮮感會很快消失，最終有限的玩具只會令他失望與無聊。

相反，小孩能在大人的引導下有目的地玩玩具，能從中提出問題，能從與同伴的玩耍與交流中獲得更多的樂趣和啟發，甚至能在玩耍中產生更廣泛的追求，如系統性的知識，則小孩在同樣的玩具中獲得的享受與意義就會很豐富，對其成長也就很有利。

同樣在人類生活中，儘管物質生活日益豐富，但當我們僅僅注重其設計性能與數量，很快就會感到單調和枯燥，並因財富的無情競爭而對生活道德與情感造成傷害。而當我們能從物質生活中找到生產文化、消費的藝術與人文精神，如共享、互助、發展，則人們從中獲得的樂趣與意義就豐富多了，生活的效率與人的情感思想也由此得到提升。

理解不僅僅是尋找與發現，它還強調創新。如理髮時相互交流、探索與賦予各種髮型的意義，就會很有趣。又如在農業社會追求詩情畫意，在於其農業社會的物質發展相對有限，於是人們強調「境由心生」，自娛自樂。

總體來說，人人都能從現有的世界中找到適合自己需要的生活，因為新事物無時不在、無處不有，它比人們所想像的要豐富得多，只要人們有正常的情感與積極的生活態度，就能獲得相應的體驗滿足。

生活的變化是絕對的，不變是相對的，關鍵是人們去感受沒有，以及能感受多少。比如吃飯，儘管我們天天在重複這種表面上相同的生活，但內容與情感在不斷變化而會導致新的感受產生，如吃的味道、樣式與環境的不同

生活的意義

體會，或者僅僅因一時的心情與興致而感覺不同，或者因知識進步與思想變化而產生新的理解等。

我們可把人們獲得感受的途徑分為兩種：一是從公認與有限的資源如財富與地位中獲得；二是從習以為常的個性生活中、從豐富的自然環境與社會生活中獲得。

從財富與地位中獲得享受似乎是艱辛的，因為這種生活資源有限、競爭激烈，而在日常生活中獲得享受就容易而豐富得多。因而一個人不管環境與地位如何，可體驗的生活內容都是很豐富的，只要我們留意身邊的生活，注意交流與交往，都會樂趣無窮。

根據生活水平與形式是無法評估他人的幸福大小的，更不會存在一個公認、可用來衡量他人幸福大小程度的技術標準，因為人們不能對各自抽象的感受進行比較。

一個富翁，可能要一百萬元才能使其感興趣，即一百萬元才能構成他有意義的生活。而對於一個窮人來說，一百元錢就成了他的追求。於是富翁從一百萬元中獲得的享受與窮人從這一百元中找到的生活意義相當，而窮人獲得一百元錢可能比富翁獲得一百萬元容易，也就是說窮人獲得幸福的能力與機會並不小於富翁。

因此，對生活處於貧窮狀態的人來說，雖然其生活水平低下、可供選擇的生活內容很少，但每一較小的變化，哪怕是在我們看來極微小與平淡的，如吃上一頓大餐、上一次集市，都能給他們帶來較大滿足，從而其較低水平的生活並不意味著幸福感低。

由於生命的有限，人們首先是從可感官與給人強烈刺激的物質生活開始，這樣獲得享受最容易，也最經濟。然後人們開始尋找、理解一些日常、間接而隱蔽的生活意義，由於這種尋找與發現對人的行為有嚴格要求，故構成厭倦與代價，且代價逐步增加，故生活的經濟性是逐步遞減的，直到時間安排完為止。

不過，相對於豐富的物質文化生活，人的生活時間是很有限的，故人們在任何情況下都能找到有意義的生活。

在生活中我們不難發現，一個人不管他是農民還是工人、小孩還是大人，也不管他是窮人還是富人、官員還是平民，他們都在為自己的生活與工作忙碌著，為不同生活追求的成功與失敗而感到幸福或者痛苦。

然而儘管有的人更幸運，能更大範圍地改變生活與環境，能實現有目共睹的地位與財富，但最終都可能會過一種穩定與平淡的生活，特別是在競爭及反覆博弈后，人人都可找到一種適合自己的特有生活。

於是不管一個人的社會地位與財富水平如何，也不管其做什麼工作，只要他們長期重複與習慣於自己的日常生活，他們的幸福感就與其地位、收入等無太大的關係，而更多地取決於他的情感、心態與人際關係。

這也就是一種無形的手將人的生活推向平淡與平等中，因而平淡與簡單的生活是人們最終必然面對的現實；不承認這個現實、不能平靜地面對這個現實，就是自尋煩惱。

或者，人類轟轟烈烈的工業化生活也是一種暫時的精彩而最終會趨於平靜與平淡，這不僅是因為物質生產與技術發展帶來了太多的疑問，更因為我們已開始感覺到自然、和諧與穩定的意義和樂趣。這時生活的意義與樂趣就更多地取決於人的情感和思想，人類的激勵也就從可感官的物質生活變為抽象的人文與科學精神，因而「平靜」與「平淡」就是人類需要適應和長期面對的生活，且誰能理解其中的意義，誰就是幸福與富有的人。

第二節　美與追求

追求的意義不僅在於享受結果，還在於體驗過程，並在過程中豐富人的情感與思想，從而讓生活更有激情。

我們把能給人滿足的事物叫作美，顯然美激勵著人類生存與發展，生活中最美的是你身邊的人物美，而最有意義的是你經過自己的努力使得身邊的人物美好起來。

生活的意義

如果我們把能給人滿足與享受的事物叫作美，則生活就是發現美、創造美與享受美。那麼，美的內容與本質是什麼？我們應如何增加與更多地享受生活中的美？

首先，美是生存需要的反應，這是人類基本而原始的情感，因而有利於生存的事物就是美。於是食物、工具、勤勞與勇敢是美，這是人類生存的基本保證。

其次，美是享受的反應，並表現為以稀奇為美。生活不僅是為了生存，更是為了體驗，且這種對體驗的追求是人類存在與發展的原因。

於是技術、創新與探索是美，它不僅讓生活變得輕鬆，也滿足了人類對世界的好奇心；藝術與游戲是美，在於它能展現生活中的美和不同，或者給人啟示和愉悅。相反，空洞、平淡與重複就會令人感到無聊和厭倦。

再次，美是一種聯繫，表現為與美有聯繫的事物因能給人帶來美的聯想而成為美。於是象徵著復甦與生命力的花朵和幼小的生命是美；或者某人有恩於自己、為他人做出了貢獻而被人們喜愛，其言行也就成了美的內容與美的標準；綠色的植物、肥沃的土地與和諧的環境也是美，因為它們象徵著生命與希望。

最後，傳統與習慣是美，因為這是人們認為有意義的、正確的，自然也就是美的事物，並構成文化與習慣的美。當然，傳統與習慣是可以改變的，即隨著人的認識水平的提高和環境的改變，對美的愛好也會改變。

如農業社會人們以胖為美，在於胖意味著生命力與生育力強，並能勝任繁重的體力勞動；而現在人們以苗條為美，在於人們對生活效率的要求，對多餘的反感。

美產生於理解，更產生於態度。於是愛是美，因為當我們的大腦被熱情激活才會讓生活變得有意義，並使無聊與枯燥的內容變得有趣，使令人厭倦與厭惡的事物開始美好起來——似乎它們都具有美的特點而值得我們去欣賞。

善良與道德是美，因為這能激發人們對生活的愛與熱情，於是互助、友好、寬容、貢獻、責任與平等是美。

第四章　生活與追求

　　生活是從愛開始。當我們的祖先在惡劣的生存環境中逃避了災難、饑餓與死亡威脅之后，感悟到了生命的意義與大自然的美，由此產生了熱愛萬物、改造生活與探索未知的熱情。

　　美應當從身邊開始，只有身邊的人物美，我們才容易感受美，而經過自身努力讓身邊的事物美好起來，我們就能更好地體會到更多的生活意義與美好。

　　生活就是為了感受美，而美的內容與感受形式多種多樣，它遠比人們所想像的豐富。且隨著生活的發展與人情感思想的豐富，美更多地取決於我們的態度、聯想與互動，取決於我們能否靜下心來用愛去欣賞、花時間去追求，更取決於能否與他人建立友好的關係。

　　生活中我們在意什麼、追求什麼、想得到什麼，其實質都是為了獲得美的更多感受，是人們追求美、享受美這一普遍性生活規律的表現而已。

　　我們可把生活分為兩種形式：享受與追求。享受的含義是人們能以自己的需要來選擇生活而表現為輕鬆與舒適的情形；追求則是付出代價的過程，因而是人們處於壓力與痛苦的情形，儘管其目的仍是為了獲得享受。且當人們預期到能從一事物中找到並獲得美的感受，就會產生慾望與追求，並願為此付出代價。

　　對於追求的意義我們可總結為三個方面：

　　一是增加事物的感受程度和印象，這是最直接的和最明顯的。如一花朵，我們不僅要看到它，還要常常看到它，從而獲得更多美的感受印象。

　　由於事物對人的影響不僅取決於它的意義，還取決於其給人的印象大小，因而對於美好的事物，人們總想有更多機會去感受以增加其印象並由此獲得較大的享受。

　　試想一下美的物品給人帶來享受的三種情況：一是人們佔有該物品；二是作為公共物品來參觀；三是抽象地想像與交談該物品。顯然，人們在三種情況下都能獲得對該物品的享受，只是感受程度的不同而給人享受大小的不同。

　　當人們佔有該物品，因能隨時、隨意地親近與感受，故其感受程度與機

會最大，其獲得的享受最大，這也是人們追求得到的原因；而參觀的感受程度與機會就小些，其獲得的享受也小；對於交談與想像中感受，由於感受困難與抽象，故其給人的感受程度最小，其享受也最小。

二是在追求中獲得更多意義。當人們發現美的事物，如水果與花朵，自然會產生更多的感受需要，這種感受不僅增加了事物的印象，也能讓人們發現其更多意義。如發現水果能解渴，且味道很好，營養也很多；花不僅美觀，還能讓人的心情變好、緩解病痛等，從而讓人們從中獲得更多意義的享受。

當然，人們對一事物的感受印象增加與更多意義發現是相互促進的：當人們對一事物持續關注，其印象增加的同時也會有所發現和感悟，如整天想到水果、看到水果並研究水果，自然會在其形狀、生長特點與味道等方面有新的認識，或者說人們對一事物印象的增加，有利於該事物意義的更多發現，儘管有時可能是幻覺。

同樣，人們對一事物意義的更多發現必然也會增加該事物的印象，這是由於所發現的意義是與原有事物相聯繫的，於是人們感受其意義，與其相關的聯想就會產生而導致人們對該事物印象增加。

例如花朵，在人們發現其香味、生長特點與環境要求時，人們對該花的聯想機會自然增加，且這種聯想發生在廣泛的生活中，即當人們在今後的生活中一旦發現相同的香味、生長特點與環境要求的植物，就會聯想到該花，從而使得對該花的感受機會與印象增加。

因而一事物的意義與聯繫越多，在生活中被聯想的機會就越多，其感受印象也就越深，而感受越深又更容易被聯想。因此我們也就不難理解，為增加對一事物的感受印象，人們就會人為地製造一些意義與聯繫，如紀念品、故事與明星代言，或者宗教象徵等。

同時，追求是人們對美的刺激反應，因而追求中人們更容易感受到生活的美，即事物會在激活後的美感神經作用下變美，或者變得更美。

如廣告商讓某商品與人們所喜歡的名人或明星產生聯繫，不僅使人們消費該商品時會聯想到名人或明星而產生美的享受，同時也因為明星激活了人

的美感神經，故該商品意義就會更容易表現出美的特性，該商品也因此成為美的內容，或者變得更美。

因而有許多事物之所以受到人們喜愛，不是其本身，而是因為其與美具有聯繫並滿足了人的慾望，由此成了美的內容。這也是追求的一種意義，即在美的聯繫與慾望中人們更容易發現美、享受美。

三是追求可豐富人的情感與思想。追求是激情與愛的體現，並在追求中增進激情與愛。

慾望產生美，即讓生活有慾望、對某種事物有種未滿足感，由此可使人的美感神經保持活躍、生活充滿熱情而容易感受到美。

研究顯示，當人們對某種生活或事物有10%的少量未滿足感，人的享受不但不會受到多大影響，而且還可使生活的質量獲得「90%」的提高，我們稱之為「10%效應」。因為這能讓人在獲得較好滿足的同時還有持續的熱情，由此促進生活效率的提高。

美好的事物之所以美好，不僅在於其內容及本身，更在於有相反的經驗標準，這就要求人們在生活中有痛苦體驗與艱辛的過程，因為沒有這種痛苦與艱辛的體驗，要什麼有什麼，想怎麼過就怎麼過，情感與思想就會變得麻木和簡單，生活也會變得平淡與無聊，美好與激情也就不會存在了。

慾望產生追求，追求中的艱辛不僅可降低生活的要求和標準，也豐富了人的情感和思想，這使得生活變得更有意義、追求的事物變得更美好。

於是，美不應該讓人們輕易得到，豐富的物質也不能讓人們盲目地消費，而是需要人們有追求的過程與有種未滿足感來更多地激活熱情，豐富情感和思想。

生活就是這樣，當你認真對待、仔細體會，它帶給你的滿足與意義常常超出想像，甚至可以改變你的人生。

美是情感的反應，也是情感發展的原因。科學研究發現，當人的大腦不斷受到美的刺激，對生活表現出更多的熱情，人的大腦神經與腦容量就會得到很好的發展；相反，痛苦、憂慮與壓力過大，持續時間過長，就會導致腦容量減少，進而誘發情感與認知障礙。

生活的意義

　　生活中要讓人產生美感與激情，就得有一個好的開端和美的刺激。於是老師在上課講一個笑話或有趣的故事，人們在介紹一個人或一事物時強調其特別之處，遇到問題我們能看到解決它的意義與希望，或者我們總想給人留下好的第一印象等，這都是一個好的、重要的開始，而不應是一開始就讓人產生厭倦與無聊感。

　　小孩的學習成長更是這樣。我們要有讓其感受到美好的、能激發其熱情的學習環境，而不是一開始就讓其感受到學習的無聊與厭倦。且當其對與學習或者看似與學習不相關的內容產生興趣，我們應該鼓勵與誘導其心懷更多有意義的追求，由此促進其成長，絕不應盲目地拒絕和冷漠對待。

　　我們說生活是美好的，其原因就在於人們有向往美好的本能、感受美好的願望，因而在生活中我們也就很容易發現美、創造美，由此讓人保持希望與激情。

　　人類應該有科學的追求精神，這樣人的潛力才能被有效地激活。雖然財富、藝術與游戲也能帶來發展，但相對連續性更強、效率更高的科學探索，還有太大的不足。更重要的是，人類只有在科學發展的基礎上才能更好地適應環境以保持生活的穩定，使其永遠存在。

　　當然，對於追求我們也應理性對待而不能教條化、神聖化，如生活中我們常常被告誡要有遠大理想而不要碌碌無為，要為某種追求做出犧牲，或者認為有追求的生活才充實、有意義等，這就可能有些片面了。

　　首先，過多與過高的追求能否實現不得而知。實際上，雖然我們的生活平淡但充實而有樂趣，這時當我們太注重未來就可能會得不償失。特別是在追求中將現實的生活變得具有不確定性與風險性時，這顯然是有問題的。

　　社會發展給人類帶來了豐富的生活，因而立足現實、享受現實就很重要。實際上多數人、在多數情況下只需把自己身邊的事情作好，能很好地適應環境、享受現實也就可以了，而不應自大或過高地估計自己而奢談追求。

　　因而追求應該立足於相應的潛力，這時特定的追求與長遠的生活目標才有必要，儘管我們鼓勵他人去應對挑戰，但這不應是盲目的行為。

　　其次，追求應該是對未知的探索。財富與地位最容易成為人們的追求對

象，其意義也很多：它不僅給人帶來直接的感官享受、讓生活變得輕松，還讓追求者獲得有利的社會地位。

追求的缺點也很明顯。由於財富與地位系公認的容易感受的美好事物，因此人們容易形成情緒化追求與盲目競爭而導致生活陷入誤區和困境：似乎財富與地位就是生活的全部並代表成功，人的情感與生活因此變得狹隘、麻木而失去太多。而在失去道德與親情的情況下得到表面和形式上的成功又有什麼意義？

更重要的是，當大家都把生活與成功看成是財富和地位時，就會產生無休止的惡劣的競爭，且任何人要不斷地改變生活，其能力與條件都是有限的，壓力與困難的增加最終讓大家都可能處於痛苦的失敗中。

在這個繁華的工業社會，人們常常太在乎數量化的財富生活，以此為生活的目的必然給自己帶來壓力與痛苦，故這樣的追求不僅沒有增加生活的享受和效率，反而使其減少了。

因此，追求應當是具有個性和廣泛社會意義的生活——它是讓人們在揭示真理、崇尚道德與互助、互享中獲得激情和發展的追求，而不是讓人陷入無止境的攀比與持續的壓力和緊張中而最終讓人品嘗痛苦的追求。

再者，許多生活不必自己親身經歷。生活是一種感受，實際上我們在很多情況下可以參與、分享他人的生活，有選擇地感受他人的生活過程，何況許多生活是自己無法經歷的。

我們為什麼喜愛明星、崇拜成功者？這是因為明星與成功者身上有我們太相似的追求和夢想。於是在我們自己無法實現與實現代價太大的時候，就只能通過分享他人的成功與過程來獲得滿足。

對於生活中的名人與明星崇拜，我們不能粗暴與簡單地認為這是無聊，而應懂得這是分享生活與激發熱情的過程，特別是對那些對生活麻木的人來說尤其如此。當然，人們也不能始終沉浸、陶醉於名人與明星的風采中而失去自我。

生活中最容易獲得的美是讓身邊的人幸福、與身邊的人共享幸福。當一個人能得到他人的祝福與幫助，其得到的激勵是很大的，而自己的付出可能

並不大，因為這是一種互補。而在他享受成功，甚至僅僅因你的參與而幸福時，你不僅能分享幸福，還能感受這種難得的經歷並體會到自身的價值，給人自己可把握美的感覺，這不就是最美與最有意義的生活嗎？

當他人感受到生活的意義與幸福時你可以去分享，而別人獲得的意義與幸福不但不會減少，還會因你的參與而增加，這與有形的財富消費相反，原因就在於情緒相互感染可增加大家的快樂。

如自己獲得了成功或有好的東西總想在他人面前表現和展示，就是為了在分享中更多地感受其美好，且他人也願意去分享，儘管獲得的感受與幸福不大，但其代價更小。

除此之外，崇拜和幻想也是獲得美和享受的方式，其特點是主觀臆想美、強調內心感受，但缺少真實感，不利於自我發展，這與一個社會迷失在自己的傳統中、強調自我而喪失有效的發展一樣。

生活應當是開放的，要讓人們在生活中懷有積極的態度與更廣泛的追求，社會應做到公開與公正，這樣的生活與社會才是美好而有前途的。

第三節　痛　苦

痛苦常常不是產生於生理上的而是心理上的。生活的發展給人們帶來了太多的享受，也容易讓人們產生過多的欲求和不滿足感，如總認為自己可以做得更好、總覺得自己沒有選擇到更好的或者總感覺到別人生活得更好、過去的更好，其失望與痛苦也就產生了。

痛苦首先表現為生理不適，如疾病與饑餓，或者環境對人體的傷害；其次是心理的不適，如預期到不幸的事情發生及對自己有害的事物出現等。人的生理與心理上的痛苦又是相互影響的。

研究發現，人們受他人有意與無意傷害時產生的痛苦是不一樣的，且前者更大，因為這時人的心理也受到傷害並由此加重痛苦的神經反應。

死亡的痛苦對於人類來說不僅產生於生理上,更重要的是產生於心理預期上,即死亡意味著失去一切美好生活,且這種預期越強烈,感覺到失去的越多,其痛苦自然也就越大。而許多低級動物並沒有這種心理預期,因而它們對死亡的痛苦反應僅僅是生理上的,且由於神經系統也不發達,故生理痛苦也不大。可以想像,沒有生命意識的動物在無疼痛的死亡中是沒有痛苦可言的。

對於生理上的痛苦我們容易理解,而對於心理上的痛苦就難理解了,這也是一個有意義的問題。但是,當我們從生活的本質去理解問題也就簡單了,即由於生活的目的是享受,於是作為有思想與預期能力的人來說,當意識到享受的減少與痛苦的增加,不安、壓力與悲傷等不適的生理反應就會發生,且這與人的生理不適所形成的痛苦一樣。

我們為失去財富、地位與親人而痛苦,是因為財富、地位與親人能給我們帶來享受、歡樂與幫助;我們為失敗與困惑而痛苦,不僅是因為享受的失去,也因困境與不確定性風險的出現;我們為失去平等與自由而痛苦,因為許多享受與機會需要自由與平等的生活環境。

生命體都有生存的要求,對環境的反應是這種生存要求的表現,且當這種反應有效、恰當,自己就會感到舒適、愉快,相反這種反應遲鈍、錯誤,或者決定這種反應的生理組織出現混亂,不適與疼痛就會產生,這也是生存出現危機的體現。

作為有思想的人類,其自然對生活中有利與不利的因素更加敏感,也有更多的理解,如地位與財富的獲得不僅讓人得到享受,也因自身的生存環境改善而滿足。我們常把后者稱為精神享受,其實后者才是主要的和基本的。相反,心理的痛苦就是處於不利生活環境的表現。

人類的許多痛苦最初是通過理解而產生的,隨后因經驗與習慣性的反應而成為一種本能和個性,從而人們對這些生活的反應也就變得很敏感。

如指責與讚美,最初是因意識到與其個人的利益有關才產生相應的情感反應,隨后形成一種遇到讚美就感到幸福、遇到指責就感到痛苦的習慣反應,並逐步演變成對表揚、榮譽、尊嚴、友好與平等的需要,對批評、不

公、侮辱與排斥的恐懼。

總的趨勢是隨著生活的發展與醫學技術的進步,痛苦更多產生於人們對生活的理解與心理上的不適,這樣人的痛苦也從簡單的生理現象變成了日益複雜的心理現象。

如在饑餓的社會裡,人們不可能會因無聊而痛苦。而在人的情感與思想日益豐富的今天,如果人們找不到自己所喜歡的事情做,或者發現自己沒有地位,即使是暫時的也會感到痛苦。

普遍的情形是,日益豐富的物質文化生活給人們帶來了太多的機會與慾望,失敗和失望所產生的痛苦也就多了起來。如人們總認為自己可以做得更好、沒有選擇到更好的,或者總認為別人生活得更好、過去的更好,即對生活中的得失總存在敏感反應,並要求過高而很容易產生不滿足感等。這相對於傳統生活中較單一與固定的生活要複雜得多,也更難有滿足感。

家長或領導常有一種幼稚的情感和思想,即常常自我滿足於為子女或員工做過什麼、實現了什麼,並因此認為他們很幸福而會對自己感恩戴德,而實際情況要複雜得多,或者完全相反,表現為你為他們做得再多、再好他們也可能不在乎,因為他們已經習慣了這樣的生活,而此時人們可能變得更計較了,更難獲得滿足了,這時,給他們創造一種平等自由的環境也許更重要。

這的確是一個非常不幸而令人困惑的現象,即儘管我們生活的環境與條件越來越好,但幸福感卻沒有相應增加,其原因就在於我們的生活要求在增加,不滿足感也更容易產生。

尤其在激烈的市場經濟競爭中,人們總要經受太多的壓力與失敗而感到痛苦,同時欺騙、不公、腐敗與不誠信讓人心情變壞,由此導致生活熱情降低,使美好的生活越來越少。如親情與友誼被淡忘,人與人之間的正常交往減少,行善變成了作秀與動機複雜而讓人反感等。

在痛苦的產生中,比較是一個重要而普遍的心理特點,這是由於幸福與痛苦、美好與非美好往往很難以事物本身的性質來決定,而常常是以經驗與標準比較來決定,這顯然讓人們難有滿足感。

第四章　生活與追求

如儘管你的收入與生活水平在增長，但若別人增加得更多、生活得比你更好，這樣你感到的不是幸福，而是痛苦。

有人通過對幸福的研究得出結論：幸福不在於生活中有什麼，而在於你比別人強、比以前好；我們不會因為窮而痛苦，只要別人比我們更窮。

於是當生活的貧富差距大、生活不平等，而你卻很不幸，總是處於不利地位，儘管你豐衣足食，也有幸生活在發達的工業社會，你的痛苦仍會大於農業社會的以豐衣足食為生活目的的人們。

在這種比較的心理活動中，雖然當我們與更差的比較可讓人感到寬慰，但由於人們有感受美好、向往美好的本能，故不利的比較會更多，特別是在人們變得煩躁不安、太注重表面與物質生活時，人們很容易與更多的收入和財富、更高的地位和好的條件比較而產生不滿足感。

比如，擁有一輛小車在周圍的人中算是很好的，但若有人買了更好的，這時自己便會與更好的車比，因為內心希望自己的車更好、生活更完美而不是相反，從而感覺到自己的車和生活不夠理想。

更糟糕的是，人們在這種向往美好的趨勢下還會理想化和情緒化地看待一些事物，如想像有更高的收入與更刺激的生活，或者把不能得到的想像得太好、總認為他人的生活更好等，這就主觀形成了較高的生活標準而給生活帶來不必要的壓力和痛苦。

人們曾做過小孩子吃巧克力的實驗：先給小孩一粒巧克力，再給許多種巧克力而由其選擇一粒，結果發現剛開始時后者獲得的刺激與興奮大於前者，但隨后后者的情緒很快低落，因為他們總想到其他沒有選擇到的、更好的巧克力而滿意程度降低，自然后者獲得的最終享受與幸福不如前者，儘管他們當初的選擇是正確的。

生活中有種追求完美並斤斤計較的人，其實質是他們總以最好的、理想的生活作為標準來要求自己，這無疑會給自己的生活造成太大的壓力與痛苦。相反，滿足現狀、順其自然反而輕鬆與美好得多。

同時，美好的東西似乎總容易給人以刺激、給人留下深刻印象，人們也習慣於展現其美好和成功的一面來獲得自信和地位，而失敗與痛苦卻是人們

125

要迴避的，這樣也就容易把美好的生活作為標準而讓自己陷入痛苦和壓力中。

如富人的豪華生活、奢侈消費對普通人來說總是容易令人認同與向往，相反其工作的艱辛與失敗的壓力、對機遇的把握與特定的經歷等人們卻不太在意。這也是我們認為奢侈生活與奢侈品的出現會對普通人和普通生活造成打擊，其負面意義明顯多於正面意義的原因。這時生活中的平等也就很重要了。

不平等所產生的痛苦包括三個方面：

一是刺激人們產生或者強化失意感。生活中的失意是難免的，也是常見的，但若發現他人通過不正當關係輕易獲得成功，其失敗與痛苦感就會明顯增強。

二是增加了生活的嫉妒與不信任。嫉妒產生於有限的資源被他人獲得而感到緊張與敵視，而不平等讓嫉妒很容易變成一種習慣，即一旦發現別人比自己好就產生痛苦，並仇視他人，這顯然對生活很有害。

三是激發人們痛苦的聯想，即在不平等的刺激中讓許多人在許多情況下感到滿足和習慣的生活也變成一種痛苦了。如對工作一天的收入本來是滿意的，但發現有人不勞而獲且得到的更多，自然就會對這種工作和收入產生不滿。

不平等對生活與社會之害遠大於人們的想像。試想，本來對收入增加10%感到滿意，可發現別人憑藉不正當關係生活得更好，或者無故增加了20%甚至更多，尤其在損害大家利益的情況下，這樣的生活與收入增長還能讓人高興得起來嗎？

雖然一夜致富、不合理地獲得收入的人是少數，但在這個追求個人成就、信息發達與情緒化的社會，他們不可避免地成為生活與成功的標準而給社會帶來太大的負面意義，他們的幸福會給太多的人帶來很大的傷害，尤其在這些人失去道德約束與社會制約時。

當一個社會從貧窮走向繁榮，人們對財富的熱情會達到一個較高水平，對權力的崇拜也會增加，這時儘管我們的財富在增長，但在不平等與他人差

距面前是難有幸福感的。更嚴重的是，人們會僅僅因別人對財富的羨慕、對權力的崇拜而更加瘋狂地掠奪財富和攫取權力，不平等也會更嚴重。相反，當我們能理性與平靜地釋放和追求個性和精神生活，整個社會對財富與地位的熱情就會減少，分享與平等就越容易出現。

這就像小孩玩玩具，當其他小孩對玩具表現得沒有太多興趣時，擁有玩具的小孩才更容易與人分享玩具，平等、友好與快樂也才更容易出現。

因此在工業化社會，消除不平等、減少自己的痛苦不是靠市場競爭與政府，而是要讓我們自己成熟起來。當我們能更多地從群體與分享的生活中獲得快樂、從友好與道德行為中獲得享受，就能創造出關心、幫助他人的生活氛圍，平等就容易出現，我們也才能獲得更多幸福感。

這就是說，不平等可能是因我們自己產生，也會因我們自己而消除，我們為什麼還要讓自己持續地處於痛苦與不利的生活環境中呢？

幸福產生於人的需要得到滿足，並因比他人強而增加；相反痛苦也就是因為人的慾望得不到滿足，並因不利的比較而增加。

但是，當得到的被作為經驗標準給人帶來太多的不利比較與誘發不能實現的慾望，這樣的得到與發展就是有缺陷的，是不利於幸福的。

如一款小車，今天在朋友那裡試坐了一下感覺很好，但由此產生難以實現的購買慾望與痛苦的聯想，這樣對小車的美好體驗就是痛苦的開始，因而這種幸福就是陷阱，是需要人們迴避的。

相反，失敗與艱辛雖然讓人痛苦，卻因降低了生活標準、減少了不合理的要求而有利於生活的健康，於是這種不幸與艱辛的體驗就是有意義的。

因而對一些過慣了優越生活、享受了太多成功的人來說，一次令人痛苦的失敗與不幸經歷，或者對被寵慣了的孩子來說一次磨難教育是有利的，因為這些失敗、艱辛與磨難會降低人們的要求，讓原來平凡的生活變得有意義，更大與更多的失敗也就可避免了。

這也就形成了一個矛盾：一方面美好的生活人們要去追求，這是人的本能與生活的意義，而另一方面又可能刺激人們形成難以滿足的慾望和定下較高的生活標準，難道我們會因此放棄前者嗎？顯然不會，因為生活總是幸福

更多，這同人們不會因痛苦而對今后的生活有利就去選擇痛苦一樣，儘管生活中也需要磨難經歷，但這畢竟是人生的短暫體驗。

問題在於如何讓人們選擇到儘管當時令人痛苦，但從長遠看卻有利於幸福，並放棄那些看似美好實際卻帶給人痛苦的生活。

這是一個複雜的問題。從道理上講，如果我們知道一事物給自己帶來的享受小於痛苦就不會去感受，像朋友的伴侶與工作很理想就**不要**去接近，因為這太容易給你帶來對現實的不滿。

然而，我們能放棄感官的刺激與眼前的誘惑，克服好奇的衝動嗎？或者這種放棄是值得的嗎？人們能預期到生活的各種有利與不利情形嗎？如對財富與地位的追求帶給人的總是更多的壓力與不滿足感，但又有多少人願意放棄呢？同樣，工業社會帶來的產值文化，其副作用越來越明顯，我們能或者有必要克服對這種美麗財富的情感衝動嗎？

也許我們需要一種正確的心態，要有正確的娛樂精神，有意識地迴避一些痛苦聯想，像明星，我們應以一種藝術的態度來欣賞，以一種暫時的娛樂精神來對待，就不會由此刺激過多的慾望，痛苦的聯想比較也就不會發生。相反，如果我們因此產生不滿足感，或者情緒化地美化他人的生活並以此為標準，痛苦與壓力就難免。

這就像生活中一旦出現美好的東西大家就趨之若鶩、相互渲染與分享，至於其有多大意義、分享者是什麼人、自己有什麼不幸等都不重要了，更不要去聯想痛苦和產生不合理追求。

生活是一種感受，因而控制與調整好自己的心態，即有選擇地決定感受的內容與程度就很重要，而這種把握常常比人們想像的容易，因為這是我們自己可以做主的。

幸福是一種更多由態度所決定的感受，因為它更多地取決於人們如何去感受、如何調節感受並以什麼為生活內容和標準等這些比較主觀的因素。

當人們不是去用心品嘗自己的生活而是更多地去感受失去的或不現實的，或者去感受他人的成功和羨慕他人的生活，則人們就會更多地感受到生活的痛苦而不是幸福，而此時他人卻從你的羨慕中獲得滿足，從你的痛苦中

感到幸福，這不是很可悲嗎？為什麼我們要把幸福進一步讓給別人而把痛苦留給自己呢？

當一個人因失意和失敗而感到痛苦時，我們會開導說不能得到的如何不好，或者強調自我滿足而不是去羨慕他人，其實質就是讓人們從自己的生活中發現意義，從現實中找到樂趣，同時減少令人痛苦的失望與不利的聯想。

或者我們還可以有意識地去感受比自己還差的生活、聯想更壞的情形，這樣我們的心情就會不一樣了。儘管這種抽象尋找、有選擇的感受與比較也是一個有代價的行為，但為了生活的幸福，這種心理控制與代價付出還是值得的。

這也是人們常說的心理調節的問題，即有意識地去對自己的生活進行感受和美好聯想。不過，事物的意義越複雜、越模糊就越有利於我們在心理上的調節，而當事物的意義太明確、太標準，這種心理調節與意識控制就很難。

如貧富與收入的差距、等級與地位的明確規定，或者把人的缺點作為反面教材而公開指責、嘲笑等，是讓人難以迴避的失敗和痛苦。這也是需要我們盡量迴避的，相信這些不健康的生活也會隨社會發展而逐步消除。

對於太敏感與情緒化的人痛苦也會增加，因為他們太容易產生不滿足感，太追求表面與形式上的完美，從而容易對公認的和容易感受的財富及地位產生反應並在群體生活中爭強好勝，其失望與痛苦也就難免。

對於生活的幸福與發展，我們應該有這樣一個觀點與要求，即讓多數人在發展中獲得享受的同時還要避免太多的負面意義，而形成這種負面意義一是因產生了太多難以滿足的慾望，二是因人們太容易產生痛苦的聯想和比較。如財富與地位所表現出來的意義太明確、太標準而讓弱者難有好心情，這也是權力至上的弊端。

顯然，若人們對一事物能很好和充分地享受，其失敗感與痛苦的聯想就不會發生。如對於小車，不管是由於試坐后人的不適反應，還是坐久了而平淡，或者因大家都購買后成了一種平常生活，都不會刺激人們產生難以滿足的慾望與痛苦的聯想比較。

這就是說，當社會製造出了小車，人們都買了並習以為常了，這就是一種理想的生活。相反，當出現了小車自己又買不起就是一種痛苦，尤其是看到別人買得起或者多數人都在使用時，其給自己帶來的失敗與痛苦感就大了，而多數人都有這種感覺就更不是好事。

　　或者即使有慾望存在，但在生活中的相同性少，其痛苦比較也不容易發生，其失望與痛苦也會較少。

　　那麼什麼樣的生活具有這種優秀品質既讓人們容易獲得滿足而又不太可能引發痛苦的失敗感與比較呢？那就是知識性與個性化並強調過程的生活，如親近自然、自娛自樂、對知識的探索與社會公益等，這些既能給人帶來盡情的享受，又因特殊性、抽象性與注重過程而沒有太多可比性，同時其心理的可調節性強，故是理想的生活。

　　雖然不平等與腐敗歷來都存在，但在工業社會卻不斷以新的形式出現來刺激人們產生負面情感卻是前所未有的。因此，財富給人帶來享受的同時而痛苦卻很多的情形應該引起我們的注意，即在人類發展與繁榮的過程中人們應該思考如何減少其負面因素，或者如何做到讓更多人在發展與繁榮中獲得幸福和健康而不是痛苦與傷害。

　　如住房，若社會建造大量的低價房，人人都買得起，則人們就能獲得好的享受而無失敗感與痛苦比較。相反，一方面建造出面積大而環境與品質都好的房子，另一方面又讓很多人買不起，人們就會產生不能滿足的慾望而痛苦，同時又因住房是生活中敏感、常見與相同性強的事物，故對住房的聯想與比較容易而給人帶來很大的痛苦。

　　因而發展更應該注重生活的品質，強化平等與道德，並注重人的情感與思想進步，否則人們生活的激情將越來越難以產生，幸福感會越來越少，這是很可悲的。

第四節　失　敗

　　人的需要得不到滿足固然會使人痛苦，然而更令人痛苦的是在經過追求

后仍得不到滿足的失敗。

　　失敗的痛苦不僅在於付出而沒有結果，更在於刺激人們聯想到自己的能力差與地位可能降低而對未來的不確定性感到恐懼，從而產生了固執己見、掩蓋事實與自我欺騙等並以此來迴避失敗。

　　人們總有生活追求，但結果與理想常常有差距。如想當一名教師卻沒當上；自認為能在考試中獲得第一，結果卻遠非如此；想去某地方卻因路上堵車而不能成行；對財富與地位的追求遠沒達到自己的要求。或者追求本身就存在不確定性，即一個概率性行為導致結果不理想等，儘管失敗的形式多種多樣，但其實質都是結果與預期差距較大，即失敗。

　　失敗的痛苦乃人的本性所致，即生活是為了享受，人們發現自己不能獲得某種享受時自然就會感到痛苦。

　　實際上，生活中有許多美好的東西是人們感受不到的，或者感受到了卻沒有產生太多的慾望與追求，這樣人們對這些美好的事物即使不能獲得更多感受也不會有什麼痛苦，但當人們總是去想並有太多的慾望，就容易產生失意和痛苦了。

　　追求強化了痛苦。如對於財富與地位，我們因不能得到而痛苦，而經過追求后仍不能得到，其痛苦自然就會更大，這不僅是因為自己的付出與投入，還因人們在追求中對該財富與地位的印象和慾望的增加導致了失意感增強。

　　於是，當我們在考試與比賽中認為自己的能力有限，就不會太多地去想爭第一名，因而當我們得到的是第二名、第三名時就不會有失敗與痛苦感，而當我們認為自己能得到第一名而沒得到，尤其在經過自己的努力、大家也非常看好時，則痛苦就產生了，其原因就在於第一名給人的印象與失去的刺激增加了。

　　失敗的痛苦與追求的投入、慾望成正比，這也是比較容易理解的，因代價本身就是一種痛苦，與失敗的痛苦一樣。同樣慾望越大，失敗給人的痛苦刺激也越大，且慾望與投入也是一致的，即慾望越大，投入也會越大。

進一步分析發現，慾望的大小是由可實現的程度來決定的，並與其成正比，因為自認為可實現的程度大，就會更強烈地激發人們的慾望，對失敗的敏感性就越強。

然而讓人遺憾的是，可實現程度常常是人們自己的感覺，更多受人們對事物印象的大小的影響。如你周圍的人都富裕起來了，或者有太多讓你容易感受的富人，你對富裕的印象就會很深，就可能認為自己也能富裕，這就是一種自認為的可實現程度，它導致自己的衝動與冒險，其失敗與痛苦就更大，這就需要我們在生活中盡量冷靜地思考。

另外，失敗刺激人們產生痛苦的聯想，如發現自己的能力差、沒有相助的朋友、社會地位低，或者預期社會地位降低以及未來的不確定性而恐懼。

失敗是一種心理上的痛苦，而比較是這種心理的一個重要特點，它表現為三種情況：

一是不合理的生活安排所產生的機會損失，如你總認為自己能找到好的工作而放棄了現有的工作，而后來發現放棄的是自己可以找到的理想工作，自然形成一種機會損失。

二是現實與理想反差比較所產生的損失，即當我們失敗后常常會產生「得不到的總是美好的」想法而增加失意感。

三是與成功者的比較所產生的痛苦刺激，這是一種難以迴避和掩蓋的痛苦現實。當然你所追求的還沒有成功者，這種比較痛苦就不存在。

對於失敗，我們也可把它看作選擇的失誤，即相當於人們放棄了理想的選擇，只是失敗是人們在更短時間來承受選擇的比較痛苦，故對人的刺激大，並容易產生情緒化反應。

如有 A、B 兩事物，其作用量（包含追求所付出的代價）分別為 60 與 50 個單位，此時只能選擇其一，人們顯然會選擇 A 事物並獲得作用量為 60 個單位的享受。

但是，若人們錯誤地把 B 事物的作用量預期為大於 60 個單位，如 70 而選擇 B，獲得的實際作用量卻為 50 個單位，即實現后並非如此理想，則其失敗所產生的痛苦量就為 60-50＝10 個單位作用量，這就是失敗的含義，即選

擇的失誤所造成的機會損失。

　　人們錯誤地選擇 B 事物，與人們有意識地選擇 B 事物所產生的機會損失是有區別的：一個是人們有預期的，一個是意想不到的。顯然，人們有意識地選擇 B 是有心理準備的，在生活中所造成的混亂與損失小些，而失敗是突然發生的，故給生活造成的損失與人的痛苦更大。

　　更嚴重的是，如人們錯誤地把 B 事物作為追求對象，不僅感受印象增加，還會人為地理想化，因人們對一事物的印象深、感受多必然會發現更多意義，包括主觀誇大與虛幻的意義。雖然這種理想化本身也是一種享受，即人們有時僅僅憑美好想像來獲得滿足，但失敗後給人的痛苦刺激也會更大。這就是說，人們因過於理想化地看待所追求的事物是不理智的，這相當於人們過早感受了事物的美好、透支了生活的享受，從而實現后的平淡與失望會讓人產生更大的痛苦。

　　因失敗給人的痛苦太大，自然人們就有迴避它的需要與必要。

　　首先，人們對生活要做理性的思考和合理的選擇。由於失敗是對困難與複雜多變的現實估計不足，或者是脫離現實，如條件差、能力低而要求過多等。這就要求我們對於不確定性太大的事物或者脫離現實的生活不去奢望，這樣失敗與痛苦就會減少。

　　其次，降低預期可減少失敗感，這與太過理想化地看待追求會產生不好結果相反。如我們對一次旅遊的預期過於美好，這雖然給人激情，但隨後的現實並非如此就會讓人產生失敗感。

　　相反，我們有意識地把結果想得差一些，不管成功與失敗，其情況都會好些。如上例中把 A 看作擁有 50 個單位作用量，實際作用不變，為 60 個單位，則實現後人們不僅仍獲得 60 個單位的意義享受，還會得到因有利的比較，即 $(60-50)i$ 的比較刺激所產生的享受，且它是在短時間內獲得而對人的刺激大，也因在追求過程中對其他生活的重視而得益。

　　這就是說，對於 60 個單位作用的 A 事物，我們不要過於把它理想化為 70 個單位，且為了有利的比較影響而有意識地想像得差一些，如為 50 個單位作用量，這樣我們所獲得的實際享受非但不會減少，還會因在更短時間內

生活的意義

獲得更強烈的刺激以及對過程的更多關注而使追求變得更有意義。

但是，我們把一事物的意義評估得太低，以至於失去熱情與追求，這也是錯誤的。

再次，人們意識到失敗的不利結果，也就可能迴避現實並尋找理由而否認失敗，從而迷信自己與盲目地否定自己的錯誤來自我安慰，或者固執己見、不願承認現實等，但這並不是我們所提倡的。

當然，由於生活是一種感受，因而一些錯誤如果未被發現就與其不存在一樣，何況世界本來就太複雜而很難說清楚，生活的意義與幸福也是相對的，因此這種迴避現實與否定失敗的態度也有其合理性，何況樂觀與自信有利於人的生活變得積極和健康。因此，對待他人的錯誤我們還是應該多寬容。

但是，如果堅持與否定錯誤對生活太有害，如真實的負面意義最終無法掩蓋，惡劣的結果無法迴避，我們還是應該客觀地對待。

比如對於某些理論，儘管我們發現了其缺陷與矛盾，但由於探索的困難與改變的代價，我們採取了自圓其說、絕對正確、必須堅持等迴避現實的做法，這雖可獲得暫時的安寧與滿足感，但現實與歷史終將做出反面的回答。

同樣，作為一個國家與民族來說，人們總有迷信自己的文化與傳統的衝動，其原因就是迴避現實、自我安慰，力圖從主觀上減少失敗感、獲得更有利的地位，但這常常會適得其反。

因此，我們的心理調節也必須有度，也就是說生活必須有思考與追求，有基本的是非標準，否則不合理的自我安慰與欺騙就可能失去發展機會與更美好的生活。

在這充滿個性與隨意性的感受經濟時代，人們太容易找到自我感覺，太相信自己的經驗與隨意得來的知識，不願承認自己的無能，從而也就更容易掩蓋自己的失敗。

同時我們也就不難理解，對於特權者來說，其錯誤也會被認為是正確的而可迴避痛苦，即能把本是錯誤的痛苦變為成績來享受，這對於多數人而言，顯然承受了更多的痛苦。

最后，正確認識生活中的一些失敗、坦然地接受失敗也可減少失敗感與痛苦。

生活總是充滿了複雜性與不確定性，人們是很難完全把握的。於是對某些生活來說，人們只能以成功的可能性大小來選擇，此時失敗就有其合理性與必然性，或者我們可把這種「概率性失敗」看作生活的必然代價，其失敗與給人的痛苦也就不會太大。

對這種概率性失敗人們也是有預期和準備的，從而在失敗時的痛苦就不是很強烈。如賭博與投機等，人們的追求能否實現，就取決於一些隨機性與一些不可預測因素，人們因此也做好了失敗的準備，同時由於人們認識到這是生活的必然而不至於產生太大的失敗和痛苦。

同樣，任何追求都存在不確定性，當我們參與了就是一種好的選擇，這樣失敗感也會減少。或者把追求看作一種對自我能力檢驗，則我們就不但不會因失敗而太過痛苦，還會因嘗試後不能得到而感到寬慰，因為這至少讓我們避免了自認為該得到而沒得到所產生的機會損失感，同時失敗也能讓人成熟起來而提高今后生活的效率。

生活中當我們面臨失敗而想改變時，別人的幫助也很重要，這種幫助首先表現為有形的物質幫助，其次表現為思想上的幫助，那就是答疑解惑與正確引導。因此，獲得問題的答案與獲得財富一樣，都是人們所追求的迴避失敗與痛苦的有效手段。

觀察發現，在生活中人們同時有兩種以上可選擇的行為與答案，或者面對疑惑與危險時，人們會感到壓力與恐懼，這是一種怕失敗而力圖迴避卻又無能為力的表現，於是產生了求助、崇拜等對外在力量的依賴。

試想，當我們有足夠的能力與自信，並確信沒有完人與神，我們還會去接受神、選擇迷信嗎？

當然，宗教信仰作為一種生活追求則有其合理性，因為它的隨意與模糊性很強，人們很容易通過這種心理調節來感受到成功而不是失敗，感受到真理而不是困惑，感受到美好而不是醜陋。而現實生活與市場經濟就不同了，它讓大多數人在多數情況下感受到的是無法迴避的失敗與痛苦，這也是人們

試圖迴避現實而選擇宗教信仰的原因,即使非常發達的西方社會也如此。

另外,對於某些失敗,如游戲與比賽等,其過程本身就是享受參與的過程,故這種失敗所產生的痛苦就更小。

在農業社會,由於生活的單調與固定性,生產的經驗化與地位的繼承制,人們在生活中可選擇性、創造性與競爭性小得多,其失敗機會就小得多。同時因對權威的崇拜與對神的迷信也有利於人們減少失敗和痛苦感。

而在工業化社會,由於新事物層出不窮,人與人之間的關係複雜多變,競爭與不確定性增加,更由於人的情感在形式與數量化的財富追求中變得敏感和脆弱,從而總讓人有太多的失敗與選擇不當、做到不夠好的失敗感。

因而追求簡單與自然不是平庸和無聊,這是對生活有深刻認識后的一種境界。如果能在平淡的生活中獲得享受,那就是高質量與高效率的生活,而要做到這點是很難的。

因此正確對待失敗與習慣於平淡的生活,是成熟與智慧的表現,更是享受生活的必然心態。

第五節 失 去

得到固然會使人幸福,但失去更會使人痛苦,原因在於我們習慣於好的生活后欲求變得更高了。

一公司年終會餐有這樣兩種方案:一是公司直接與餐廳聯繫好;二是將錢發給大家,然後再交給組織者集中起來。雖然實質與結果一樣,但過程不一樣所導致的人的感受就完全不一樣。其中前者會讓人感到快樂與滿足,而后者就有讓人產生失去的痛苦,因為錢經過自身支出就會刺激我們產生一種沒能更好地安排生活的損失感,且經過自身的時間越長,這種損失感就越強烈。

同樣,當領導方向錯誤導致生活與收入水平低下時我們不會太痛苦,因

第四章　生活與追求

為理解這種損失很困難而難以形成感受印象；當我們辛苦工作所創造的財富被領導浪費或貪污也能忍受，因這仍是比較抽象的東西；而當有人從我們身上借走錢財不還或者小偷從我們身上拿走錢物，即使數量很小，我們可能就不會容忍了，這不僅因為他人與小偷的不良行為，更因為我們已適應了這些錢物歸自己所有的心理狀態，或者因這些錢物給自己的印象太深，從而失去時產生了強烈的痛苦刺激。

人們因需要得不到滿足而痛苦，而追求的失敗不僅因付出了代價導致痛苦增加，更因強化了慾望而導致痛苦變得強烈。

雖然需要得到滿足讓人幸福，但滿足後因人的生理與心理可能產生適應反應，從而人的這種需要在重新失去時會變得更強烈，因而其不能得到的痛苦就比最初不能得到時的更大，即失去后讓人變得更痛苦。

人的需要有兩種：一是對變化與新穎性事物的感受需要，它是讓人產生喜怒哀樂的原因；二是人們有重複與習慣性的必然需要。其中感受需要取決於事物的新穎性程度，而后者人們是沒有感覺與感受需要的，除非有變化或新的意義刺激，如失去。

為什麼一些事物是需要的，甚至是不可缺少的，而人們對它們會沒有感覺與感受需要呢？其原因就是這種感受沒有意義。如每天必需的重複與習慣性吃、住、行等，這些雖然對人的生活很重要，但人們不會去想它，因為想它沒有意義，人們只需習慣性地完成相應的行為。

當人們感受一事物，最初因事物的新穎性最強，因此給人的刺激與感受程度最大，而隨著感受時間的增加其新穎性逐漸減少，人的感受需要與程度也由最大逐漸變小，直至消失。

然而人的需要會在感受和習慣性生活中發生變化，且可分為兩種：一是適應性變化，表現為人的需要在生活中增加；二是相反的不適應變化，即人的需要在生活中減少。而失去常指人們對一種生活方式或事物在產生適應性變化后再失去，人們對這種需要的慾望又重新出現，且更大，由此得不到滿足的痛苦感也比當初的享受更大。

如人們剛獲得小車時對小車有強烈的新穎感與享受需要，而在經過一段

生活的意義

時間的使用后，人們對小車的感受就變得習慣了，其新穎性與人的感受需要都降為零。此時若是人們在獲得小車享受后對其適應性降低，即不再感興趣，這時沒有小車給人的痛苦就不大。

但在這一享受過程導致人生理與心理變得更適應有小車的生活后，這時若再失去小車又重新回到沒有小車的生活，其慾望就會因人的需要增加而重新產生，且比原來更強烈，其不能得到的痛苦也就比得到時的幸福更大，這也是我們主要想關注的失去。

廠家做商品廣告，並讓人們試用，其目的一是讓人們形成經驗印象來影響人的行為；二是試圖讓人們產生適應性生理反應從而形成相應的消費習慣與需要，且品牌價值就是這種印象與習慣性生活形成和改變的代價。

因此，人們對習慣與平淡的生活沒有感覺，並不意味著人們願意放棄，因為人們在接觸該生活后，其生理與心理已產生適應性變化，從而本能的需要在增加，但由於沒有新穎性刺激與選擇性意義而不再形成感受，直到失去時才有不適的反應而產生更強烈的慾望和痛苦。

如住上新房，剛開始人們感到興奮，但時間久了就不再有感覺了，但這並不意味著人們願意恢復原狀，因為人們適應了這種優越生活，而此時失去這種生活，其變化的痛苦刺激就會產生，且大於最初所給人帶來的享受，或者說大於當時不能得到的痛苦，只是在擁有與習以為常的生活中沒有表現出來。

許多生活人們需要它，甚至不能缺少，但人們並不在意，而這種不在意既可能是習以為常了，也可能是從來就沒有發現它，不知道它的存在，直到失去時才引起注意。

這也給我們一種啟示，即要想知道一事物對一個人的重要性，就可有意識地讓其失去來觀察其反應，如親人與朋友的離開、工作與環境的改變等。

的確，許多生活雖然人們離不開它，但人們已經習以為常而沒有感覺，誰會去感受無意義的事呢？如人的四肢，誰會去多想失去時的情形呢？在吃穿足夠時誰又會去多想饑餓時的情形呢？夫妻始終如一地親密誰會去想分離的情形呢？而只有在失去時人們才感覺到它的存在與意義，不過此時的感覺

卻是需要得不到滿足的痛苦。

我們把生活內容分為享受、必需與生存三種行為，其特點是它們給人的享受感是依次減少的，而對其依賴卻是逐步增加的，這就跟對小車的消費一樣，剛開始事物因新穎性程度大而讓人們感到很大的刺激與享受，隨后就變成了一種習慣性與必需的生活，其新穎性減少，直到為零而沒有感覺與幸福可言，但失去時的痛苦卻在增加。

於是，儘管美好的新事物給人以享受和幸福，但人們對其需要與依賴程度並不高，即沒有這些享受人們照常生活，只是有些意猶未盡的遺憾而已。

必需品儘管人們很需要它，但人們卻習以為常，如人們擁有豐衣足食的生活但並不會因此感到幸福，但失去時卻會產生很大痛苦。

生存品更是如此，以至於離開它就無法生活，但人們不斷重複、長期如此便失去了感覺。

因此，我們之所以追求發展與進步，在於發展與進步能給人享受和幸福，但給人享受和幸福的是發展的過程，而不是結果，即變化給人帶來的幸福感是暫時的，最終不管結果如何，人們的生活水平有多高，都會形成一種習慣與平淡而失去感覺，除非受到變化刺激，如發現窮人才感覺到自己生活得不錯，或者因有人得不到而產生滿足感。

因而，當社會在不斷發展、人們的追求在不斷實現時，卻發現幸福感在重複與習慣中減少，如當一個人經過艱辛與努力變得富裕時，卻慢慢發現沒有什麼意義與樂趣了。

相反，人們的生活內容越豐富，得到的東西越多，習慣於太多優越的生活時，失去的可能與機會卻在增加，產生痛苦的可能性更大，尤其是對於不穩定的生活，這也就構成了讓人痛苦的「幸福陷阱」。

生活中我們常常羨慕他人，覺得他們的生活如何如何好，從而感到他們特別幸福，這種看法存在問題，因為這些對他們來說，仍可能是平淡與習慣，除非這是他們剛取得的生活成就。

於是當你和富人朋友上城裡最好的餐廳吃飯，對於你來說，這些食物簡直是美味佳肴，而對於你的朋友來說，這不過是習慣性的晚餐，或者他在遺

憾與苦惱沒有更好的吃飯地點和方式，或者他僅僅是因為你幸福而感到幸福。

同時，他們可能面對更多具有不確定性與壓力的「幸福陷阱」，如投資失敗、市場環境的惡化等，其面對的痛苦同樣是很多的，只是你感受不到。

這時也許我們更幸運，因為我們的生活水平低，很多生活我們還沒有享受到，因而我們有更多的享受潛力，或者我們的生活穩定而充實，因為我們沒有太多失去的風險。在這種情況下，應該得到羨慕的是我們自己。

試想，若「守株待兔」的農夫不是偶然撿到一只死兔，而是持續一段時間，在農夫習慣於盡情享受、忘記了種地和不願過艱辛生活時突然撿不到死兔，其痛苦與生活的不適會如何？這死兔的出現不是一個「幸福陷阱」嗎？

於是，當生活的發展表現為歷史的必然，如人類生活水平隨生產技術的發展而提高，個人生活水平隨個人的能力與努力而提高，這時的幸福獲得就比較穩定，人們就不可能因失去而掉進「陷阱」中，這也就是健康的生活與發展。

但若在富足中隱藏了太多不穩定因素，如存在罕見的自然災害與疾病、惡性競爭與市場經濟波動、依賴特殊的關係等，就可能使人們掉進「幸福陷阱」中。

或者在發展中我們崇尚權力而忽視平等、追求財富而忽視環境、迷信技術而忽視思想，注重個人利益而忽視道德，這也是在自我構築「幸福陷阱」，是非常危險的。

第六節　道　德

生活中一個值得人們關注的現象是他人在危難時為什麼人們要伸出援手而置個人利益於不顧，我們對此的解釋是人的「相同性」情感與理性思想所產生的道德要求。

第四章　生活與追求

　　人的行為是由大腦支配的，且不同的行為導致相應神經元的活躍，而群體生活又使得人們的這種行為與神經反應的關係更為密切並相互影響。

　　在原始的群體生活中，人們面對的是相同的環境與得失，並產生特定形式的能相互理解的肢體語言。因此，人的特定肢體語言很容易給他人一種暗示而產生相同性神經反應，如人們在看到他人痛苦與興奮時，能很快意識到對自己來說有同樣的事情發生而自然地陷入同樣的痛苦與興奮中。

　　這種群體生活中的相同性使人慢慢地形成經驗與習慣，即他人幸福自己也會感到幸福，他人痛苦自己也會感到痛苦，即使他人的幸福與痛苦和自己無關。

　　道德首先產生於人們生活中的同情，即相同性情感，它產生於人們在生活中相同的得失與相互影響的情緒，因而當他人不幸時我們才會產生改變這種連帶負面情緒的「利他行為」。

　　人們之所以會通過幫助與安慰來使他人走出困境、擺脫情感陰影，就在於自己也因此產生了負面情緒而有改變慾望。而當他人成功、幸福就與其互享，這樣大家都能得到幸福。

　　因此我們同情弱者、幫助他人等行為實質仍是自我需要的「自利行為」，只是這種自利行為符合大家的需要而稱為道德。

　　相同性情感也被西方學者稱為「移情」，且動物也具有這種「移情」的本能，並能在與人之間產生。

　　有人在家裡養了一只年幼的黑猩猩，當黑猩猩爬到房頂上時，為了讓它下來通常採取的辦法是叫喊、斥責或拿出食物，但很少起作用。但如果主人坐下來假裝在哭，黑猩猩就會馬上來到主人身邊。

　　出現這種情況的原因在於黑猩猩與人產生了相同的情感反應，即人的沉默、流淚等痛苦表情也讓黑猩猩感受到一種負面情緒，於是黑猩猩為了減少與消除這種「連帶」的負面情緒，就會來到人的身邊並試圖改變。

　　當然，這只黑猩猩與人之間產生「移情」，是因為固有的生理反應還是長時間與人互動的結果就不得而知了。也就是說這種移情帶有普遍性還是特殊性還有待更多的研究，但可以肯定，沒有這種相同性情感反應，黑猩猩是

生活的意義

不會有這種「行善」行為的。

然而，生活的個性化又不斷地挑戰著大腦的相同性情感。以黑猩猩來說，當黑猩猩來到人的身邊後人能表現出高興與友好，黑猩猩就能獲得一種滿足與激勵，這種經歷也就會被黑猩猩肯定和不斷重複而形成習慣和個性。但當黑猩猩來到人的身邊而人仍沉浸於個人情感中，表現出無動於衷甚至做出驅趕等行為，黑猩猩就會感到無能為力，並形成與己無關的經驗而變得冷漠，甚至因給自己帶來負面情緒而反感等，其相同性情感與道德行為就會受到抑制。

對於人類來說，自然是更加個性化的生活與自我追求導致了更複雜的情感和記憶。如當遭遇不幸的人在生活中太注重個人利益而無視他人的存在，或者對他人有過不友好的經歷，如傷害過別人等，人們的相同性情感表現就會受到抑制，並形成一種事不關己與「樂見其成」的冷漠情感。

或者當我們發現他人的幸福與自己無關，即不能給自己帶來任何好處，甚至他人的幸福對自己不利，如詐欺與腐敗的結果等，這樣他人的幸福就會刺激自己產生相反的情感反應，即嫉妒、痛苦與憤怒。

為什麼我們總希望自己的親人、朋友生活得幸福而不是痛苦與不幸呢？其原因就在於親人與朋友不會有讓人產生這種壞的聯想而能從中獲得幸福分享，且還會形成對自己有利的預期，即有條件與機會幫助自己等。

同樣，當我們到一個陌生的地方、去另一個社會體驗生活時，也會希望當地人幸福，因為他們不會對自己帶來傷害，更沒有傷害自己的經歷而放棄了習慣性的緊張與壓力，並能從他們的幸福中獲得分享。

人的行為總是各種情感與記憶的反應，而人的每種情感與記憶都容易被激發而決定人的選擇和生活方向。

對待他人的生活，我們常常處於一種複雜而矛盾的情感與思想中：一方面，由於相同性情感作用而希望他人幸福並分享幸福；另一方面，在個人利益追求中，當發現他人太幸福、生活得太好，自己好像又失去了什麼，或者說有時我們在自私自利的情感作用下總希望他人生活得比自己差、比自己窮，但又不希望他人太窮與太辛酸，以免給自己帶來太大的負面情緒。

顯然，當社會缺少公開與公正，生活的幸福與痛苦更多地建立在個人得失與有限財富地位的惡性競爭上，人們就會更多地表現出自私行為，從而這種「願人窮不願人富」「願人弱不願人強」的嫉妒與排他情感就容易產生和發展；而當社會充滿公開與公正，人們就能更多地友好相處，生活中的相同性情感與互利行為就容易產生和得到發展，其自私情感就會被抑制。

嫉妒是與相同性情感相反的一種情感，是人們注重個人利益的表現，它產生於有限的生活資源因被他人佔有而形成的失望與對佔有者的敵視，但若在生活中一些人經常不合理地獲得利益，就會演變成凡是別人比自己好就難受，見到他人幸福、比自己強就痛苦、仇視的習慣性心理，此時人的相同性情感與道德行為就會受到嚴重壓制。

嫉妒雖然不利於道德生活，但卻是自我意識與思想發展的表現，因為當我們發現他人的幸福不能給自己帶來實質性好處，我們就不會情緒化與盲目地感到高興。於是為自己的利益工作、競爭與鬥爭才是必要的，社會也因此變得有序而成熟。

因此我們認為人類這種嫉妒情感對相同性情感的壓抑並導致道德退化是暫時的，甚至是表面的，因個性化生活與自我利益的追求以及由此形成的人與人之間的博弈能更好地促進人的思想發展和社會的制度建設，並在生活中形成更多與更合理的是非標準，從而重建更健康和更穩定的道德生活。

因此，當一個人從最初的情緒化與盲目的道德行為開始變得沉穩和思考個人利益，我們不應感到太多的恐懼與不安，這也許是成熟與成長的表現，且這也是道德行為產生的第二個原因，即思想。

當人的思想與情感獲得發展，就會對生活產生更多的理解，對道德要求也就高。畢竟人類越進步，就越希望生活更有效率與更美好，此時我們就會發現自己更難漠視他人的痛苦與不幸，並能更好地分享他人的幸福，對不道德行為的約束也就更嚴格，也更難容忍。

於是在他人面臨困難與危難時，不僅有相同性情感作用來促使我們伸出援手，還有思想作用讓我們伸出援手，即意識到他人不應該有這樣的困境、不應該得到如此下場。如果我們不施以援手，結果將會非常糟糕，我們自然

不會無動於衷，且在這種道德行為中，人的相同性情感與理性思想是相互促進而可獲得良性發展的。

　　相同性情感與理性思想的意義也就在於能有效提升生活的效率和幸福感，因為這種相同性情感與理性思考是培育善良、互助、誠信、團結和責任等優秀品質的搖籃，並使人們走出困境、改變負面情緒和獲得幸福變得容易起來。相反，當人們不具有這種相同性情感與理性思想，就會表現出自私與仇恨等惡劣品質，群體生活就會低效、混亂。因而，如何培養和發展人的相同性情感、提高人的思想水平也就成為生活的重要問題。

　　在動物的進化中，科學家發現，凡是具有利他性與為群體犧牲的動物才具有生存機會與競爭優勢，因而群體意識與自我犧牲精神就是動物群體生活的一個基本要求。

　　動物這種群體意識與自我犧牲的精神更多建立在本能的生物個性上，因而其互助性很有限。而人類就不同，利他行為不僅是一種相同性情感需要，更有廣泛與深入發展的思想需要，並在群體生活中容易得到激勵，也容易在個性生活中受到損害。

　　一個社會越具有群體意識與自我犧牲精神，其個人主義與自私行為也越容易獲得發展，如欺騙、犯罪與腐敗等病態行為也變得容易，於是道德生活不僅需要人的相同性情感，更需要建立在思想基礎上的成熟社會與法制的支持。

　　社會需要建立平等與法制的生活環境，並做到有效的監督與對違法者的懲罰、對違反道德行為的譴責，使違法與不道德行為的代價增加而有利於道德發展。

　　當一個人違反道德與法律時，我們就希望他被懲罰和譴責，這不僅是因為本能的嫉妒，更在於這違反了人們對道德生活的需要。

　　這就是說，道德行為不僅是相同性情感需要，還有因深入思考而產生的對無助、混亂與衝突的恐懼，這也是守法與道德行為總容易得到人們的認可與鼓勵的原因，因而法制建設與依法行為絕不是小事，而是人們健康生活的保障。

第四章　生活與追求

　　於是像友好與禮貌、助人與感恩、誠信與守法等文明行為我們就不應該只理解為傳統的禮儀文化，而應該是人類追求美好生活的必然表現，是生活中自然的道德要求與激勵的反應。顯然沒有人的思想發展與制度進步，道德生活就很難得到保證與發展，而靠文化習慣與說教來維持和推進明顯是不夠的。

　　生活的意義不僅僅在於你得到了什麼與獲得了某種滿足，更重要的是人的情感能被更多的因素激活，幸福感能從更廣泛的生活中獲得，同時人類情感能因此得到健康發展。

　　如人們在生活中熱衷於分享、需要分享，在於它不像財富那樣因你的參與而導致他人享受的減少，且還會因自己的參與而增加，同時激勵人們保持友好與信任。

　　人在遇到痛苦與不幸時，其心理向好的轉變往往比我們想像的容易，因為人的內心渴望幸福，有尋找美的強烈慾望，其身邊的道德行為自然就成為人們生活的需要與依靠，此時他人的關心與幫助所帶來的意義往往大於想像。

　　有人對殘疾者做過調查，結果發現他們僅僅因身邊有人陪伴、照料與微不足道的關懷而產生幸福與感恩，並因此忘了不幸與痛苦，這也可解釋為什麼當社會出現危機與災難時人的道德情感很容易被激發。

　　道德是很容易被激發與發展的，因為人的內心需要它，因而在很多情況下，我們做一點善事、表現出一點友好與支持等並不會給自己帶來多大的損失和麻煩，但其道德意義與社會意義卻是無窮的，我們何樂而不為呢？

　　因此，在是非與道德面前人們不能因為事小而不為，特別是那些具有廣泛影響力的人，面對公眾更應該注重自己的道德表率與社會責任，民眾也很想看到他們積極的一面。

　　其實，人與人之間的關係本來就應該是一個平等、互利的共生關係，因而任何人在追求個人利益的同時不應忘記他人利益。這也是大家樂意看到的，並由此形成一種互助、互利與互享的關係，這也才是健康、美好的生活。

當我們感到無聊時，何不熱情地去關心與幫助他人、參與社會公益活動而從他人的成功與幸福中獲得激情並提升群體生活的效率呢？

在群體生活中，一個基本的生活要求是公平。假設人們從社會發展中所獲得的收入都有所增加，但不平等，這樣的收入增長就可能會給多數人帶來傷害。

在社會高度平等的國家瑞典，66%的人表示信任周圍的人，而在社會不太平等的葡萄牙，只有10%的人表示信任其他人。很難想像不相互信任、不注重個人利益的社會道德感有多強，人們的幸福與生活效率會有多高。

社會需要發展與進步，而在這種進步與發展中必定有一部分人先獲得成功，但如果人們能更多感受到這種成功的付出過程，且成功者能向社會更多地展示自己的道德水準與責任，則人們就會感受到生活的美好與發展的意義而有利於發展的持續。

在公開與公正的社會，成功與富足常常有被人們認可的經歷和過程，人們也能理解貧窮與失敗而具有同情心，從而也更容易與人分享成功與財富，這樣的貧富差距就不會太多地給生活帶來負面影響。

而在腐敗與權力至上的社會，公開與公正就很難在生活中得到表現，由此造成的巨大生活差距總是令人痛苦與不安，且少數人的不勞而獲與先天的優越感容易導致他們去炫富和顯示與別人的不同，這顯然是很危險的。

第七節　社區與市場

我們不僅要建立以效率為目的的市場經濟，更要建立有利於提高生活質量的、互助與互享的人性化的社區生活。

生活需要交流與交往，它不僅有利於互助，更在於互享，即感受他人的樂趣、增進與分享生活的美好。

在生活的交流與交往中，人與人之間需要一個穩定與固定的關係，像傳

統的家庭、鄰居與族群等。

隨著思想與個性的發展，人們需要更大範圍與更多形式的交往，這時就需形成利於交流與交往的「社區」。

社區原本是指市民生活的小區，但這裡我們主要是指有利於人們交流與交往的平臺，它包括固定地域的交易市場、小區、學校、企業、公園與議會、宗教場所等，也包括特定形式的群體，如特定偏好的網友、社團與組織等，還包括相應的文化資源與環境，如有濃厚傳統的街道與建築、古跡與文物等，或者特定的習俗生活，像傳統的擺攤叫賣、喝茶聊天與藝人在特定的地點以特定的方式演出，甚至包括有特色的產品宣傳、選舉拉票等，其實質是在一種特別的地方、以一定形式來吸引大家，激發生活的熱情並有利於人們交流與交往。

生活的發展讓人們對社會提出了更高的要求，並通過社區生活體現出來。社區生活的意義表現在如下幾方面：

一是強化感受，即人們在表達、交流中可加深、強化自己的所想、所做的。如自己買了一件漂亮的衣服，或者發現一件很有趣的事，這時就需要他人的互動來進一步強化感受，以此獲得更多的滿足。

二是傳遞與創造新感受。交流與交換一樣可互通有無、傳遞信息。同時人們在交往中創造生活，如故事、表演與游戲。

三是誘發生活的激情。現代社會不是靠權威與教條就能讓人們生活得好，而要以人為本，要以社區生活與文化吸引大家、激勵大家，讓人們美好的情感在社區中得到激發、豐富的個性與思想在社區中得到展示。

最新的研究顯示，一個人的社交圈子越大，其大腦記憶量增加越明顯，因為在更多的社交中需要大腦更多的記憶聯結，並處理更多的個人信息，從而能更有效地激活大腦相應組織。

研究還發現，人際關係的深度與廣度對生活的影響就像飲食和鍛煉，找到自己的歸屬感、學會與人相處對人的生活質量至關重要。

同時，社區生活有利於人性與平等迴歸。因為在社區生活中，人們追求成功與地位，就必須更多地體現其自身的價值，如以思想、知識與道德等來

獲得影響與地位，而人人都有這種成功的機會與條件。相反，建立在財富與權力之上的市場經濟只會讓人變得無奈和痛苦。

人與人之間的差距應是個性發展的結果，並在群體生活中以互利的形式讓人感覺到其差異存在的價值，但當市場經濟的缺陷、落後的傳統文化與腐敗導致嚴重的不平等和人的情感壓抑，這時就需要重建平等的、人性化的社區生活。

保留傳統的社區生活與環境，既是生活的需要，也是社會文明發展的需要，因為這些舊有的東西越是長久，它所包含的文化底蘊就越深厚，其意義與故事就越多，對生活的激勵就越大。

社區建設是社會的責任，這不僅是因為人們需要道德關懷，而更多的是因為弱勢群體是社會不合理發展的結果，即市場經濟總是讓少數人富有並有太多機會，而多數人面臨更大的競爭與邊緣化壓力，從道義上講他們理應獲得社會關照而不是排斥。

社會應該重視與發展社區生活，因為這是大多數人參與社會、獲得生活樂趣的地方，而他們生活的穩定就是社會的穩定，而政府為此付出的代價並不大。

發展各種形式的社區生活也是增強社會凝聚力的手段。人們常說家庭是社會的細胞，其意義是只有家庭這個細胞健康，社會這個大家庭才會健康。但以家庭為單位來構造社會有太大的局限性，這主要是因為一個家庭的單位太小、「功能」太少，社會也很難介入隱蔽與自利性強的家庭生活。而社區就不同，它是一個公開、透明與「功能」完善的生活單位，也是人們平等參與社會生活的基本單位；沒有這樣一個健康的社區，社會是不會正常的。

發展中國家一個普遍的情形是社會為追求某種表面、形式與技術化的東西而無情淘汰傳統和「低端」社區文化。

社會發展必須以人為基礎，而不是相反。因此，現代化絕不是對生活中這些看似不變與落後的文化與習慣的簡單改造，而是創造更好的社區、讓人的情感與思想獲得更多的互動與發展從而使生活變得更有激情的深刻變革。

雖然生活與發展需要物質基礎，但是當我們全心全意地創造物質財富時

第四章 生活與追求

卻發現,商業化的、過度膨脹的市場經濟與財富累積帶給生活的更多是壓力和痛苦,這無疑很危險。

物質的發展與生活改變必須建立在人的情感需要與對生活意義的理解基礎上,否則會得不償失。把人變成一種機器與材料來促進物質發展、毫無意義和無目的地改變人們的生活,必將造成人的情感壓抑與交流、交往困難,生活將變得無聊與無奈,這是很可悲的。

物質生產不僅需要資本、勞動力,更需要重要的技術知識、資源與環境,而這些因素是全社會與全人類的,但市場經濟讓少數人有機會利用它們而對多數人不利,這是嚴重的不平等,特別是在生產規模擴大、生產與生活「資本」化後,市場經濟很容易成為生活不平等與痛苦的根源。

試想,人與人之間上百倍、千倍的收入差距合理嗎?肯定不合理,任何人都不可能為此找到讓人信服的理由,人們更感覺不到這種差別的意義。

在工業化初期,市場經濟的意義是明顯的:極大地促進生產的發展與社會的進步,同時因企業規模小而容易參與,收入與地位的獲得主要以人的勤勞與智慧,因而這時市場經濟也體現出人的平等與自由發展要求。

然而在現代社會更需要平等與人性生活的時候,市場經濟卻不斷導致新的貧富分化與道德惡化,這顯然是極不正常的,這時我們仍大談財富增長與市場經濟就顯得無知和不合時宜。

生活需要平等與發展,於是當市場經濟有利於平等與發展,我們就應尊重與發展市場,而當市場經濟不能適應平等與發展要求時,我們就應該迴避市場,或者監督與調控市場。

生活的意義不是得到了什麼,而是感受到了什麼,而決定這種感受的是人的情感與思想。顯然,貧富差距的發展是不利於人的情感和思想發展的,且少數人的奢侈生活與炫富很容易讓大多數人受到傷害,並產生不信任。

的確,市場經濟的意義遠非我們想像的那樣完美。

首先,我們應看到技術和知識的發展是人們好奇與積極參與社會生活的結果,其本身具有很強的發展激勵,尤其在技術和知識形成系統理論後,其發展力更強。

其次，對技術知識做出重大貢獻的人並沒有獲得多少財富，如許多藝術家、科學家與思想家的生活並不是很富裕，他們相對於那些存在很大爭論的企業高管等的收入明顯太低。

而更令人不安的是，財富一旦成為人們生活的目的與成功標準，人類的發展機制就會受到破壞，於是就會出現唯利是圖、經濟危機、學術腐敗甚至政治生活也開始財富化等不利於發展的情形。

市場經濟一方面造成生活不平等，並使富者更富、窮者更窮，同時它讓人們始終有一種更高的、永無止境的財富追求，由此給生活帶來太多的壓力，讓人們忽視有重要生活意義的親情、道德與社會責任等，這樣的市場經濟能給人類帶來多大幸福與利益呢？

市場經濟更多的應作為發展的過程與手段，而不應把它視為發展中國家進步的標準，實際上西方資本主義國家在發展市場經濟的同時，從來沒有放棄對后者的重視，如果我們學習了西方表面與落后的東西而放棄其真實的東西，並因此沾沾自喜，那將是極大的錯誤。

也許最大的問題在於給人誤導的是偽科學的市場經濟學，因為生活從來不是也不可能完全是物質化的東西，人們更不希望生活的完全物質化，人與人性化的社區生活才是人們所需要的與持續追求的。

因而反應市場行為的經濟學與傳統的宗教一樣，是人類的階段性思想與某種情感的表現，人們對此沒有必要太認真。那些口口聲聲以市場決定生活的思想是極不負責任的。

發展的實質在於人的情感與思想的進步，並由此對社會生活提出了更高要求。

市場經濟反應了人類對財富數量與效率的追求，它不僅帶來了財富的增長與技術知識的發展，也滿足了人類在經歷長期權威與專治生活後對平等與發展的渴望。

但人的思想進步與道德的更高要求又讓人們感到市場經濟的局限與缺陷，那就是生活物質化與數量化造成對人性與個人權力的忽視，以至於今天出現了像獨裁、腐敗與對人性壓制的社會和企業產品遭到普遍抵制的現象，

這反應出當今社會理性與道德發展對盲目的市場經濟的否定，反應出人的思想、道德進步對生活的更高要求以及與非人性化市場經濟的矛盾。

這時，對市場經濟的改造也就成為必然，而改造的基本原則就是生活社區化。

現在許多企業高管與市場專家考慮的是如何把企業做大做強，而做大與做強的意義是什麼？如果這僅僅體現一種效率與數量意義，如壓低工資、打壓對手、惡性競爭、不尊重消費者等，那顯然是不合時宜的。

相反，雖然數量與規模不大，但有良好的企業文化，能讓人們在工作中體會到更多的美好，企業的意義就遠大於形式上的做大與做強。比如，一個尊重個人與個性、充滿創意與能讓員工激情交流的企業將會得到社會的喜愛與認可，並得到相應回報，這不僅是產品消費，還有人心的凝聚等。

企業應給社會留下人性化與良好的道德印象，並與產品一樣影響社會，從而成為人們向往的生活社區。

那麼，我們又應如何做到生產效率與社區化生活兩者兼顧？這是一個複雜的問題，不過下面的實例可幫助我們理解。

據一資料介紹，在瑞典的伏爾伏汽車公司凱爾瑪工廠，該廠因為實行自動化流水線生產，工人對此感到厭煩，覺得工作毫無意義，從而導致缺勤與流動率高。為此，工廠把傳統的汽車裝配線組改為15~17人的裝配小組，分工負責一種零配件或一道工序，其所有物資供應、產量與質量都由有關小組負責，小組因此成為一種特定關係的社區。這樣一來，該廠工人流動率明顯下降，而質量與產量都獲得了提高。

由此我們可看出，在該廠的生產管理形式改變前，人們的工作是呆板的機器化生產，人們常常只需負責幾個簡單而又重複的工作，其靈活度不大，自主選擇機會少，人的正常交流需要得不到滿足，並由此形成了人的厭倦與痛苦。

而在改變其生產管理方法后，人的個性、靈活性與創造性有較大的增加，且人們有交流表達情感的機會，工作有了樂趣與意義。

這樣，我們也不難設想，企業可建成由各種、各方面的人才組成的一個

「社區」，它不僅有技術與市場專家，還有其他學者，如醫學、心理學與社會學專家，他們共同研究生產與銷售活動，使生產活動社會化與社區化，而不是個人意志與權力的體現。

因此，企業生產並非想像那樣沉悶和令人厭惡，而是可以改造、發展成有激情的社區生活。而且，我們可把企業社區化管理進行推廣，如讓學校成為一個讓學生產生興趣並與老師互動的場所，而不是令人痛苦的單調而枯燥的知識灌輸地。同樣，國家管理也可社區化，如公開透明的選舉與議政、對話等。

這種社區，系人們基於各自的愛好與自願組成，既然是自願，並容易流動，其報酬就不會很高，也不會造成惡性競爭。同時，以思想和知識來獲得權力並形成一定生活差距也是人們能夠接受的，因為在社區內競爭是相對公平的，且人們之間是一種互利關係，能感受得到差異的意義。

其實，生活資源不僅有物質，還有權力與思想影響。而在人們對生活有更多、更高要求的今天，人們不僅需要財富，還需要提供心理、衛生與思想等方面幫助的專家和學者，而讓他們獲得權力與思想影響就很容易形成互利的關係，而官僚與富人就不同了。

社會發展到今天，我們的生活有迴避市場、迴歸社區的要求，我們也應積極地促使該趨勢更好、更快地形成。

第八節　生活的儲蓄、週期與人口

儲蓄不僅僅是指錢物，也包括生活的合理安排。其實，幸福也是可以儲蓄的。

一、「儲蓄」

我們現在所談論的儲蓄常常是物質的，如我們的錢與物不是很快就用

完，而是存放起來有計劃地消費，這樣雖然目前享受少一些，但今後就可以生活得更好。

其實生活中還有很多這樣的「儲蓄」，即為了生活得好，就需要合理地安排並約束自己的衝動。如平時多學習，到考試時就會感到輕鬆一些；閒聊時，可以一個話題一個話題地慢慢聊，將其意義認真體會完，別急忙把話題全部講出來，以免隨后長時間無話可談；等等。

人的一生能過上什麼生活、獲得多少享受大致是由其遺傳基因與環境確定的。於是，對人生有限的生活資源我們應當有計劃地享受，並為今後的生活留點空間與「儲蓄」，其最終的目的是讓人的一生充實而幸福。

這就要求我們對現有的生活用心體會、對奢侈的吃穿玩樂不要急於地追求、攀比，並把時間用於學習、工作與人際關係的改善，這樣不僅會增加自己的情感經歷、夯實經濟基礎，也會增進自己的人緣而為今後的生活創造條件。

而當人們過早、過多地享受生活，就可能面臨今后的空虛與痛苦。如有的人不好好學習，過早進入社會；得到的不認真對待而總是在追求新的，而新的能讓你得到的卻很有限；對他人與社會過多地索取而沒有付出、不承擔應負的責任等，這就造成人們盲目地消耗掉太多的資源，雖然當時過得刺激、精彩，但持續性差。

同時，過早地享受生活，因人的情感與思想能力差，獲得的幸福感也不強從而造成浪費。

但是，我們也不能為了「儲蓄」而過於艱辛，以至於損害正常的生理與心理健康，這也是一個儲蓄與消費、追求與享受需要兼顧的問題。

理想的生活應是這樣的：經過自身努力而獲得從無到有的社會地位，有從貧窮到富有的過程，又有在追求中增強情感與思想而能從生活中找到更多意義和樂趣。

優越的生活對人們來說既是有利的，也可能是不利的，關鍵在於如何對待和安排，此時懂得幸福的「儲蓄」就很重要。

於是，富裕家庭的子女就面臨一個很好的儲蓄機會，即讓他們在生活中

生活的意義

有目的地節儉些、吃一些苦，並把其優越的條件用在子女的發展與情感的培養上而不是過於寵愛，這樣家庭的優越性就起到了積極作用，即產生了「投資」與「儲蓄」意義。

生活總有平淡，而習慣於從平淡的生活中找到樂趣與意義，即使生活沒什麼精彩，我們也感到充實和幸福。從這個意義上講，培養對生活的適應能力，使我們具備從簡單中發現意義、從平淡中獲得幸福的情感和思想就是一個很重要的「儲蓄」。

同樣，在工業化生產中，如果我們太過注重財富的增長和生產的技術，不僅會浪費資源、污染環境，也導致人們對未來的疑惑與恐懼，這種表面上的精彩就是一種浪費。相反，我們把公平、教育和基本的福利作為社會的基本工作內容，就是具有深刻意義的投資和儲蓄。

對於生活「儲蓄」的意義，我們可總結為三點：一是世界給我們可享受的生活是有限的，我們應合理安排；二是在享受中先苦后甜可增加生活的幸福感；三是注重情感與思想發展讓人受益無窮。

對於先苦后甜所增加的幸福我們可用比較理論做進一步說明。假設有單獨給人 50 與 20 個單位作用量的 A、B 兩事物，這時若先享受 A 再享受 B，即「先甜后苦」，則 A 事物給人的享受量為 50 個單位，但 B 事物給人的享受就會受到 A 事物的不利比較影響，其給人的享受為 $20-(50-20)i$ 單位量，獲得的總享受量為 $50+[20-(50-20)i]$。

相反，若人們先享受 B 再享受 A，即先苦后甜，則 B 事物給人的享受量為 20 個單位，而 A 事物給人的享受就為 $50+(50-20)i$，獲得的總享受量為 $20+[50+(50-20)i]$。顯然先苦后甜獲得的享受大於先甜后苦，即為：$20+[50+(50-20)i]-\{50+[20-(50-20)i]\}=2(50-20)i$。

二、生活的週期

決定生活意義的是人的情感與思想。

情感豐富的人時常能在生活中表現出情趣與激情，如看到別人困難與痛苦自己不僅也會難過，還會產生去幫助、去改變的要求；而當別人高興與走

出困境時自己也能很好融入其中享受快樂等，這就是正常的情感和思想反應。

相反對某些人來說，我們會發現他們常常缺少一種感受能力，即我們認為有意義的甚至精彩的他們卻無動於衷，這其實就是情感與思想貧乏而對生活缺少熱情的表現。

顯然，一個人的情感與思想越豐富，被感動就越容易，在同樣的生活中找到意義和樂趣的機會與可能性就越大；反之則越小。

當然，情感豐富使人們對痛苦的感受也會變得強烈，即情感的豐富同時加劇了生活幸福與痛苦，那麼是不是說情感與思想的高低最終對人的生活幸福並無多少意義呢？顯然不是。

痛苦產生於渴望幸福的緊張與壓力，故沒有幸福的慾望，痛苦也就失去存在的理由，這決定了痛苦在生活中的次要地位。

因而，情感的豐富有利於幸福的獲得，但是這種幸福增加又不是人們想像的那麼高，即幸福並非隨著感受能力與生活熱情的增加而同步增加，而我們所說的幸福隨感受能力倍增只是對單個事物而言的。

有的人情感豐富而更多地表現為負面情緒，這顯然是極少數，或者說是病態的表現，如抑鬱症，且可以從心理上給予幫助與治療而使問題得到解決。

人的情感發展增強了享受、加劇了痛苦，這正如大腦神經的發展加強了人們對外在刺激的敏感，將人的舒適與疼痛變得更強烈一樣，但舒適會更多，生活的幸福感會增強，且如果我們注意良好生活態度的培養與道德建設，幸福的增長潛力還是很大的。

那麼，應如何提高和發展人的情感和思想呢？那就是：

一要體會生活的艱辛，其意義是降低生活的要求與標準，讓人的心理更容易受到刺激。

二要經歷過程，人們只有在過程中才能更多更深刻地體會生活，形成真實而豐富的情感與思想，由此使人的大腦神經產生更多的記憶、變得更敏感。

三是激情享受，尤其是情緒化共享可更有效刺激人的愉悅神經而促進其發展。

四是注重醫療與環境對情感的影響。加拿大道格拉斯學院通過對 29 名志願者的調查發現，人們對生活樂趣的感知能力取決於位於大腦皮質層下中心部位的尾狀核的體積大小。當一個人對所有事物喪失興趣，其尾狀核比正常情況下的體積小。

這是人類第一次在快感缺失症狀與大腦中心尾狀核的體積之間建立聯繫，使治愈某些精神疾病、為人類從生理與醫學方面著手增進人的幸福成為可能。

那麼正常的人是否需要這種醫療呢？答案是否定的，因為對於正常與健康的人來說，獲得幸福僅僅需要健康的生活，而以藥物本身來獲得幸福只是表面與暫時的，最終結果就像毒品一樣有害。

但是，人的情感也可以通過培養與環境來改變，如父母樂觀開朗，則子女的性格就會受到良好的影響，並變得喜歡交流、積極向上與愛好廣泛，否則便會變得孤僻與冷漠。

平等、友好的人際關係有利於人的情感與思想發展，而惡劣的人際關係不利於人的健康發展。如果人們整天為吃穿操心，在生存競爭中擔驚受怕，處處受到傷害，人的情感與思想就會變得消沉。

生活是一種感受，而人們獲得這種感受取決於兩個因素：一是外在的物質刺激；二是內在的情感與思想。相對於人的短暫生命，社會進步與環境的改變是一個緩慢的過程，且人的幸福感隨人的生理和心理變化表現出週期性。

人的情感與思想是隨年齡增長而變化的。其中嬰兒是沒什麼情感的，故也沒有幸福感可言，然后逐步增長（但在十來歲時成長得特別快），至三十歲左右逐步因生活的重複與感知能力的停止增長而停止增長，最后在五十歲左右因生理的逐步衰老而開始減少。

這就是說，人的情感與幸福並不是由開始時的最大，然后逐步減少的過程，而是從小到大，再從大到小的週期變化過程。

因此，生活的熱情與幸福的高峰期應在10多歲，這也就是我們常常感嘆與羨慕的花季年齡，此時他們的生命力最強，是生活知識與情感增長的高峰，也是生活激情最大的時候，自然也是最幸福的人生階段。

對於少兒來說，由於其原有的生活內容單調、貧乏，其生活的經歷與經驗少，故生活中很小的不同（在成年人看來也許很無聊）給他們的刺激與滿足感都會很大。同時，他們的情感與知識又處於快速發展期，感知能力增長快，因此，成長中的兒童與少年往往特別快樂和幸福。

相反，對於老年人來說，由於其生理機能老化，情感與知識不僅不會增長，且出現下降趨勢，同時，他們豐富的生活經歷也影響了他們對新事物的興趣，因而他們的幸福感在逐步減弱。

此時，若有人傾聽其故事，親切地與之交流，這就不是增加其快樂的問題，而是其生命延續的大事，因而關心老年人的生活，多交談是很重要的，這與對年輕人的成長需要物質與環境刺激一樣。

當一個人的生命力強，即生活的熱情與幸福預期越強，則其死亡所產生的損失與痛苦感就越大。因此，少年對死亡的痛苦也最大。相反，嬰兒與老人要麼感受能力還沒形成，要麼預期能力與可預期的衰竭得差不多了，從而對死亡的痛苦感小，這可解釋為什麼嬰兒與老人死亡比不上年輕人死亡更令人痛惜。

而之所以我們對幼小生命給予更多關注，則似乎是一種錯覺，因為他們還沒有享受到生活而最不應該死亡，顯然這僅僅是我們成年人的理解與情感反應而已。

所謂壽終正寢，不僅是指死亡的形式與死者年齡，更指人的感受與預期的衰竭，即生活週期的結束、死亡的痛苦感基本消失的情形。

相對於個人的成長，物質與社會發展是相對穩定的，即生活的環境變化不大。不難理解，社會發展變化快，人的幸福高峰期將延後，有更多追求的人的幸福高峰期也將延後，其結果是他們整個的生活幸福也會增加。

隨著社會的發展進步，人類的整體幸福感是增加的，雖然這種增加是緩慢的，還會受到腐敗、不平等與財富競爭等對幸福的不利影響，甚至出現暫

生活的意義

時的倒退，但難改幸福增長的總趨勢，且從理論上說人類因其永恆的存在與發展而能成為無比幸福的「快樂小鳥」。

三、人口論

對於不同生活的條件與方式，有不同的人口規律。

在極貧困與落後的社會，人的生與死是一種很自然的現象，此時儘管人口的出生率很高，但惡劣的生活環境與極不穩定的食物供給導致死亡率很高，從而人口的增長極其困難。

而在漫長的農業社會，人們有了一定的經濟條件和思想，從而對生育也就有相應的思考與安排。這時多生育是必要的：子女從小就是一種家庭勞動力，又是防病養老的投資，而人們付出的常常是儲存不了的糧食與無處消磨的農閒時間。

同時，落後的傳統文化，如傳宗接代、興旺家族尚缺乏有效的節育手段也導致生育率常常居高不下，其結果是人口成倍增長。與此同時，建立在以有限土地與重複性勞動基礎上的食物生產卻難有較快的增長。

這樣，當人口增長到一定程度，就會出現因自然災害、饑餓與戰爭而引發的大量死亡，直到人口減少到合理水平而再次形成新一輪的增長，這就形成了傳統而落後的農業社會難以迴避的人口規律。

當人類進入工業社會，由於物質文化生活的豐富，人們逐步擺脫了以家庭為單位的生活，生育子女的現實與思想也就發生了變化。

此時生育子女的意義主要表現為生活的體驗與精神上的寄託，而代價卻很大：子女需要很長時間的學習與投入；人們生育子女的辛苦與參與社會生活的減少，且這種收益與付出呈現出兩種相反的變化趨勢，即收益在快速遞減，因為人們感覺到有一個或者兩個、最多三個就能很好滿足需要了，相反付出卻在遞增，也許生育一兩個子女在費用與時間上還負擔得起，多了就會讓人難以承受。

同時技術知識的發展與衛生條件的改善，也有利於人們按計劃並理性生育子女。這樣，生育的子女的數量也就在2個左右，且此時人的社會意識增

強因而有可能按社會需要來生育子女。這樣人口發展基本穩定，也能與社會發展保持一致。

然而，傳統農業社會向工業社會轉變的過程中，即在工業化初期，人的生活方式與生育思想的轉變總是滯后於生產的發展，以至於增長的財富用於改善生活，則意味著人口又開始進行快速增加，至死亡率增加后人口又回到較低水平這種簡單而低級的循環。

這也就是英國當時的經濟學者馬爾薩斯反對工人生活的改善、反對增加廉價穀物進口的原因。儘管這將面臨嚴重的道德問題，但現實是只有生產發展的速度高於人口增長的速度並完成機械化生產所需的原始資本累積，生活的持續改善才能成為可能，人類生活方式才會改變，人口建立在不穩定經濟基礎上的增長危機才能從根本上消除。

這就是說，人類發展不可避免地會遇到人口危機與相應的道德危機，即在落後社會的生活發展與人口增長中存在不可調和的矛盾，這個矛盾在當今社會不但沒有解決，而且變得更加複雜和棘手。

人類總是容易被表面的東西感動，而對於抽象的需要堅持的科學真理又常常忽視。於是每當有地方出現饑餓與混亂，就會引發關注與援助，這樣其死亡率很容易下降，但其落後的生活方式卻很難改變，其結果是低素質的人口增加變得容易而導致更多的問題出現。

在當今世界，危機與衝突正變得日益嚴重，這是不是原始而基本的人口規律所引發的危機呢？是不是人類重視有形的技術與物質生產而忽視思想和生活質量發展的結果？這不得不引起我們的注意。

生活的意義

后記　生命的意義

　　生活總有不斷可探索的意義。如果說生活的意義是為了幸福，那麼幸福的意義又是什麼？

　　不同的事物總有相同的意義讓我們產生聯想與思考。以生命體來說，儘管其存在與行為方式各異，但都有一個基本的要求，那就是力圖以最少的能量消耗與最小的危險來獲得生存和延續后代的機會。

　　儘管人類形成了複雜的思想和情感，表現出豐富的個性生活，其基本的行為規律仍可簡單地表示為力圖以最小的付出來獲得最大的自我滿足，因而人類與生命體具有一種相同的基本要求，那就是以最小的代價來滿足自己的需要。

　　物質的存在總是有規律的。規律就是有序，其實質就是穩定。物質的穩定表現出兩個基本特點：

　　一是物質在為穩定而運行與改變，並為穩定而與不同的物質組合，也因不穩定而分離，這決定了物質在適應環境中能不斷演變出更穩定的物質。

　　物質在漫長的穩定演變中形成了一個特殊的體系，即生命體，這也是物質穩定演變的一次飛躍。

　　生命體的意義是其具有能對環境做出有效反應的神經系統。這種神經系統的特點是內在的激勵機制，即在生命體應對環境的反應中產生滿足感，人類也就是在這種激勵機制的作用下進化（進化也就是生命體在穩定機制作用下的一種物質演變）而成的，其意義是能對環境做出預期的、更有效的反應而提升了穩定能力。

　　二是穩定是一種趨勢，是大自然的基本精神，因而每一種物質或者個體都因具有穩定的意義而存在，也會因穩定的需要與失去穩定的意義而消亡。

后记 生命的意義

於是我們不難發現，某種物質可為更大的穩定或者為某種更有意義的穩定而犧牲自己，個體在無條件地為群體的利益、為更大的穩定服務。

穩定是萬物存在與變化的基本要求，並由此決定了我們解釋事物、理解生活的基本理由。

如物體往低處運動是為了找到更穩定的位置；物質產生裂變與輻射來獲得低能量的穩定狀態；人類通過對話、爭吵與戰爭化解矛盾、重建秩序並獲得新的平衡和穩定；動物為延續更有生命力的后代而犧牲自己；物種之間和內部的殘酷競爭是為了更強、更能適應生存環境的物種和個體存活，以此實現穩定；我們建立國家、組成家庭、形成群體，是為了有序與更穩定的生活。

人類崇拜神靈、探索未知與追求道德是對不確定性的危機反應，這也是人類追求穩定的意義體現；人們學習知識與追求進步不僅是想活得更有意義，更深層的目的是更好地適應社會，獲得更穩定的生活。

我們說生活是為了幸福，這僅僅是人類適應環境的鬥爭所獲得的激勵而已。顯然，離開了大自然的穩定精神與激勵，人的情感與思想就不會形成，生活與幸福感也就不存在了，人類本身也就失去了意義。

人類個性與思想的發展產生於穩定的需要，但也可能偏離大自然的穩定精神而混亂，如人類可能習慣於表面的生活享受與奢侈的物質消費，熱衷於保守的宗教與文化、自私自利等，雖可讓人獲得幸福感，也能獲得表面的暫時穩定，但缺少理性與科學而難以形成穩定的趨勢。因而像自然災害、經濟危機與社會動亂等，其本質上講就是人類病態行為的結果，是人類違背自然規律所受到的懲罰。

相反，我們把人的幸福建立在穩定意義之上，在獲得幸福的同時享受到更多生活的意義、體會偉大而美好的自然精神，就能使生活變得健康而更有激情，幸福也就更容易獲得，也更持久。

試想，如果我們有了對生活更深刻的理解，對成功與榮耀就會有更多而持久的幸福感，而對死亡、失敗與失去也就能平靜對待，並因理解到這仍是很有意義的行為而產生安慰和自豪感，那麼人與人之間的關係就會變得和

諧，痛苦與混亂也就會少很多。

　　人類雖然是生命體中最有活力的穩定性最強的物種，然而要做到永恆還面臨許多考驗。因此，人們不僅要有娛樂精神，更應有鬥爭精神。娛樂是人的本能要求，鬥爭是生活的原則與責任。而鬥爭不僅體現為與自然的鬥爭，更體現為一種社會鬥爭，即與不平等、腐敗和特權等不合理行為的抗爭。但遺憾的是后者常常被人遺忘，或者被誤導。這必須得到糾正。

　　然而，人類能實現永恆嗎？這種永恆又意味著什麼？大自然有穩定的要求，而穩定的意義又是什麼？

　　大自然創造出具有特別穩定性意義的人類，這是否意味著大自然應該為人類服務而可被任意改變？或者人類也只是大自然穩定趨勢中的一個過渡性產物，最終也會因某種更有意義的穩定而消亡？

　　不同的事物總有某種相同的規律而聯繫在一起，宇宙與人類因穩定而產生、統一，那麼是否還存在非穩定的無序的「世界」？無序世界與有序世界的關係又如何？

　　或者人類是大自然穩定機制的產物，其行為從本質上講僅僅是一種適應性反應，因而認識世界與改造世界也就是一種幻覺，這是否意味著人類為享受而追求的持續改變僅僅是為了完成某種超自然使命？

國家圖書館出版品預行編目(CIP)資料

生活的意義 / 汪召元 著. -- 第一版.
-- 臺北市：財經錢線文化出版：崧博發行，2018.11
　面；　公分

ISBN 978-957-680-238-6(平裝)

1.心理學 2.通俗作品

170　107017786

書　名：生活的意義
作　者：汪召元 著
發行人：黃振庭
出版者：財經錢線文化事業有限公司
發行者：崧博出版事業有限公司
E-mail：sonbookservice@gmail.com
粉絲頁　　　　　網　址：
地　址：台北市中正區延平南路六十一號五樓一室
8F.-815, No.61, Sec. 1, Chongqing S. Rd., Zhongzheng Dist., Taipei City 100, Taiwan (R.O.C.)
電　話：(02)2370-3310　傳　真：(02) 2370-3210
總經銷：紅螞蟻圖書有限公司
地　址：台北市內湖區舊宗路二段121巷19號
電　話：02-2795-3656　傳真：02-2795-4100　網址：
印　刷：京峯彩色印刷有限公司（京峰數位）

　　本書版權為西南財經大學出版社所有授權崧博出版事業有限公司獨家發行電子書及繁體書繁體版。若有其他相關權利及授權需求請與本公司聯繫。

定價：400元
發行日期：2018 年 11 月第一版
◎ 本書以POD印製發行